子どもたちとつくる

貧困とひとりぼっちのないまち

こどものひんこんって、
おかねがなくて まいにちのくらしにこまること。
こどものひんこんって、
あそぶ、まなぶ、ぶんかにふれる
たくさんのひととひととひととの であいが
へってしまうこと。

だから、「やましなだいご こどものひろば」は、
「こどものひんこんたいさくじぎょう」で
こどもたちが あそび、まなび、ぶんかにふれて
たくさんのひとと なかよくなれる
ひとりぼっちをなくす
そんな「ひろば」をつくります。

そして、こどもたちが まちやおとなに
かかわることで
まちやおとなも げんきになれます。

山科駅
ぼくはホタルの
"ほたちゃん"だよ。
よろしくね!
ここはきれいで
住みやすいまちだなぁ。
こどものひろば
山科醍醐こどものひろば
こども生活支援センター
トワイライト
ステイ
銭湯
ゆ

ようこそ！私たちのまち山科・醍醐へ

京都盆地の東、山科醍醐地域（京都市山科区と伏見区醍醐、大津市の一部）には、子ども（0～17歳）約３万人（全人口約19万人）が暮らしています。

山科醍醐
こどものひろば
活動紹介

0～18歳までの幅広い年齢の子どもたちが参加していること、すべての活動を地域のボランティアが担っていることが特徴です。

げんきスポット0-3

0~3歳児さんとママ・パパたちのつどいの広場。屋根のある公園で子育てを地域で支え合います。

わんぱくクラブ

少～小学3年生対象の野外を中心とした活動。異年齢の子ども同士で助け合い活動を創りあげます。

あそびっこクラブ

未就園児の親子の自然体験クラブ。季節を感じながら親子のふれあいと仲間づくりもできます。

町たんけん

小学生対象の地域たんけん活動。文化や自然や伝統産業にふれて、地域を知ることができます。

創作劇

対象は小学生以上。子どもとおとなが対等な立場で一から劇を創りあげ、大きな達成感を分かち合います。

楽習サポートのびのび

小学生～中学生を対象に、学生サポ-タ-が食事・入浴など夜の生活をいっしょに過ごしたり、マンツ-マンで勉強を見たりします。

トワイライトステイと通学合宿(ナイトステイ)の活動をやっているよ!

自由帳

幼児～中学生対象のものづくり活動。家や学校ではなかなかやらせてもらえないことにチャレンジできます。

ほっとタイムえんぴつ

小学生の放課後の居場所づくりとして、校内で学生サポ-タ-と宿題やおしゃべりしたり校庭で遊んだりして過ごします。

Jr.キャンプ

主に夏のキャンプを中心とした活動。小学4年生~学生混合のグル-プで協力し合います。

通学合宿（ナイトステイ）
伏見区醍醐エリア

宿泊可能な法人施設を活用し、近隣の小学校と連携して、夜、家庭でひとりで過ごす小学生たちが平日17時から翌朝の登校まで、学生サポーターたちと過ごしています。

寝るときはペアのサポーターが横でいっしょに布団を敷いて寝ます。
そっと手をにぎってきたり「何か話をして」とねだってきたり…

ごはん作り

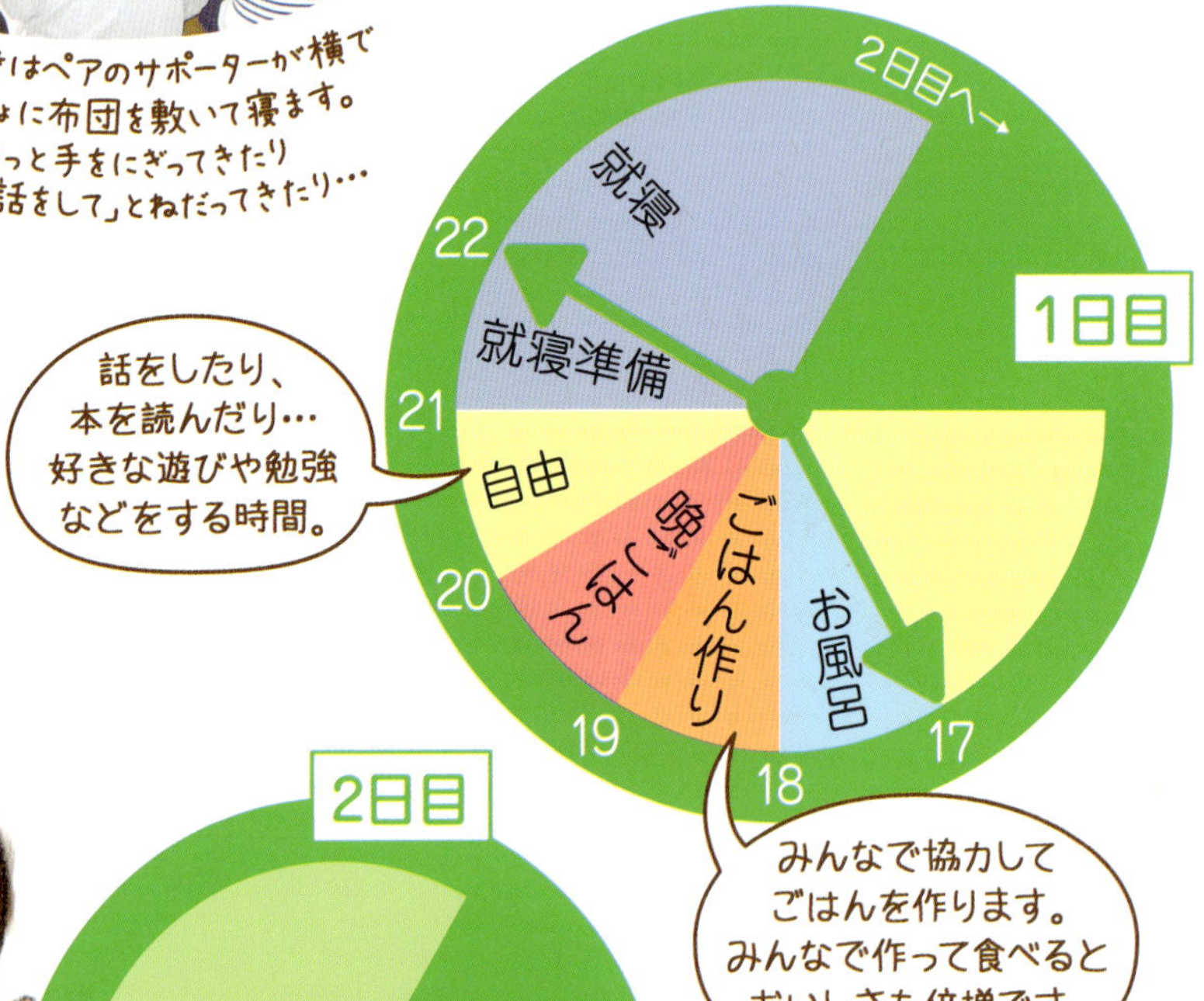
話をしたり、本を読んだり…好きな遊びや勉強などをする時間。
みんなで協力してごはんを作ります。みんなで作って食べるとおいしさも倍増です。

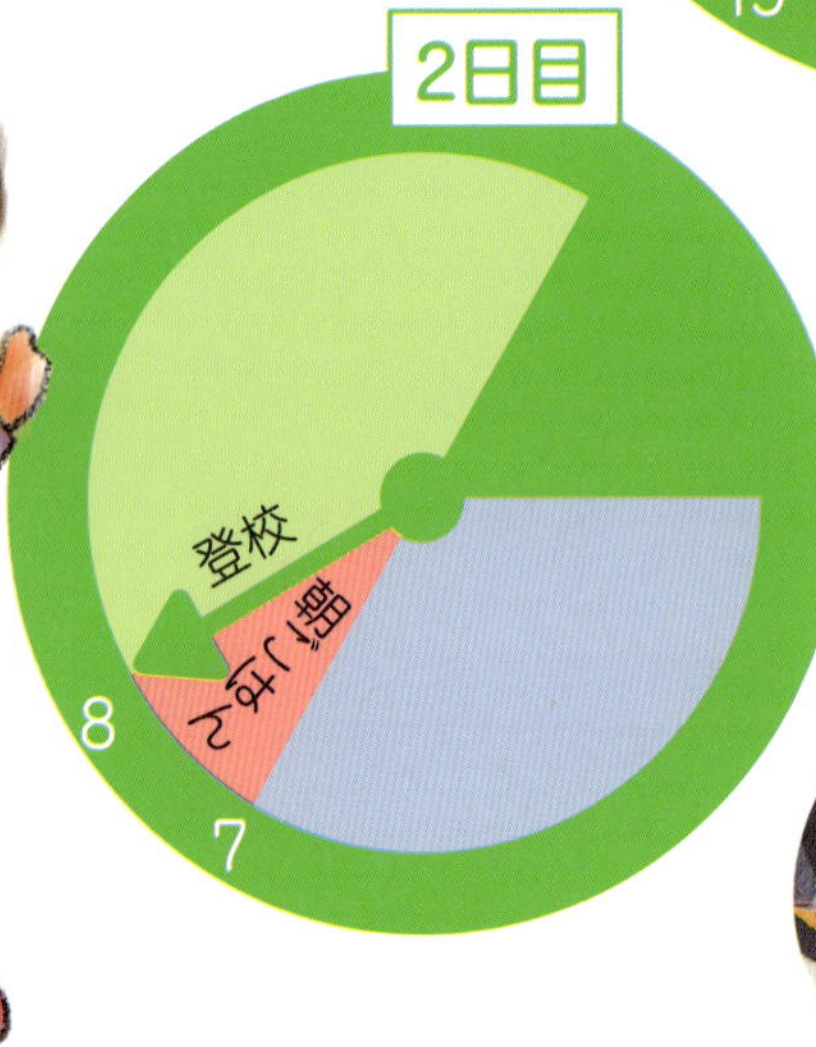

子どもの貧困対策事業

-夜の子どもの生活支援-

対象を狭めず、援助が必要な子どもに活動を届けています。子どもたちは、ひとりぼっちではなく人と接する温かさのある夜を過ごしています。

トワイライトステイ

山科区「こども生活支援センター」

商店街の空き店舗を活用した「こども生活支援センター」で、夜、家庭でひとりで過ごす小中学生たちが平日17時から21時まで、学生サポーターとマンツーマンで過ごしています。

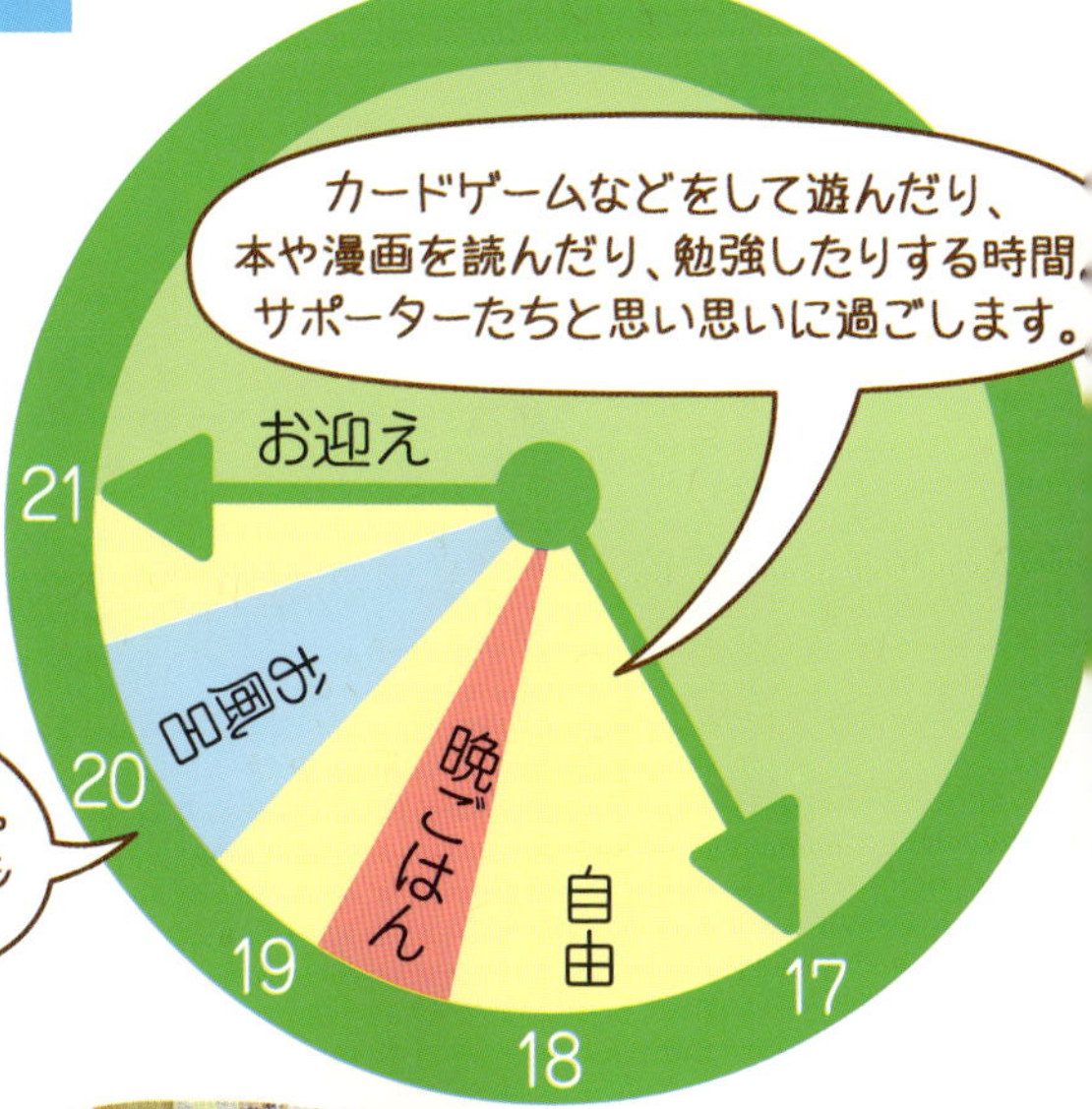
カードゲームなどをして遊んだり、本や漫画を読んだり、勉強したりする時間。サポーターたちと思い思いに過ごします。
お迎え
お風呂
晩ごはん
自由
21
20
19
18
17
お風呂はご近所の銭湯まで…。子どもたちとの距離も自然と縮まります。

みんなでワイワイかこむ晩ごはん
おいしそうだなぁ〜☆
楽しそうだなぁ〜♪

もくじ

子どもたちとつくる
貧困とひとりぼっちのないまち

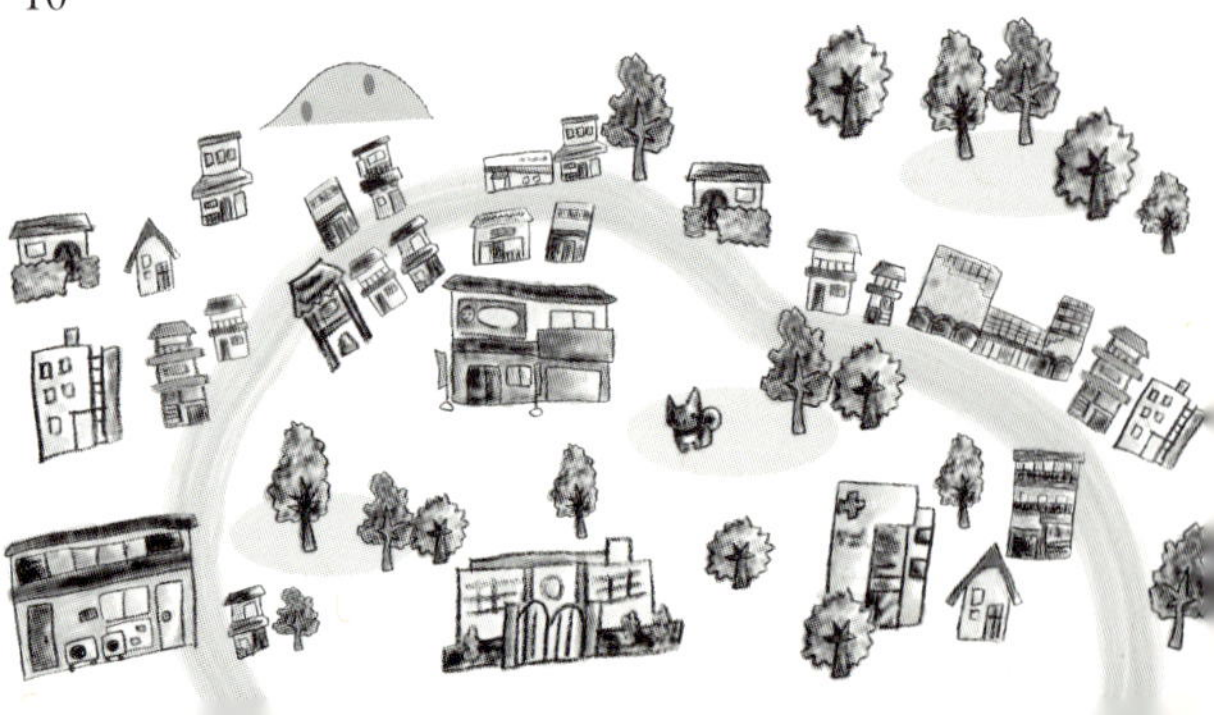

●本書の印税の一部は、特定非営利活動法人 山科醍醐子どものひろばの子どもの貧困対策事業に使われます。

カバー・本文デザイン 小林直子

ビジュアルノベル

でもおだまに「仁くんすごいな！」って
何度も言われたのは
ちょっと照れくさかったけど
なんか久しぶりに聞いたうれしい言葉やった。

面接練習もうえっちといっぱいやった。
ここで自分が変わったことを
あがらずに面接官に伝えた。
筆記試験も自分の力を出し切った。

おたまやうえっちみたいな大学生になりたいって
少しだけ思えるようになってきていた。

トワイライトステイとかいう夜の活動は
うちが楽しかったころを思い出させた。

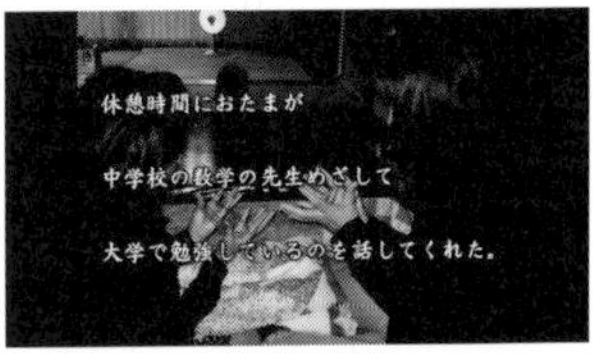
休憩時間におたまが
中学校の数学の先生めざして
大学で勉強しているのを話してくれた。

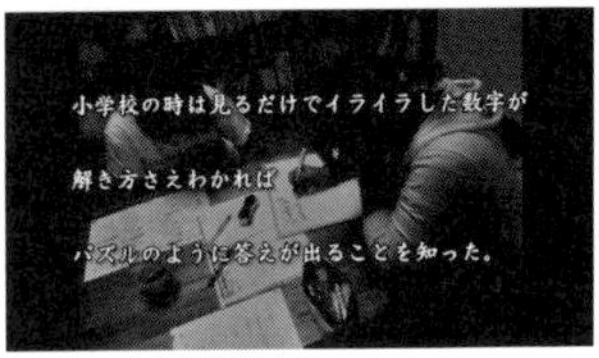
小学校の時は見るだけでイライラした数学が
解き方さえわかれば
パズルのように答えが出ることを知った。

仁の物語

貧困を背負って育つ子どもたち

脚本●幸重忠孝
制作●特定非営利活動法人 山科醍醐こどものひろば
写真●山科醍醐こどものひろば活動場面より

ふと思う。
もしあのとき、あそこへ行ってなかったら…
今、自分はどうなっていたのだろう?

――1年前、中学3年生の仁の自宅。
「仁、2学期入って1か月たつのに、
まだ学校に行ってないんでしょ。
もうすぐ受験なのにホントどうするん?」
たまに話しかけてくると、
「学校に行け」「勉強しなくてどうする」のおかんの声。

「うるせぇな。
どうせ俺、中学卒業して働くから、
今さら行っても行かなくてもかわんねぇよ」

いつからこうなってしまったのだろう。
昔は俺とおかんと弟と家族3人で、仲よくやってたはずだったのに。

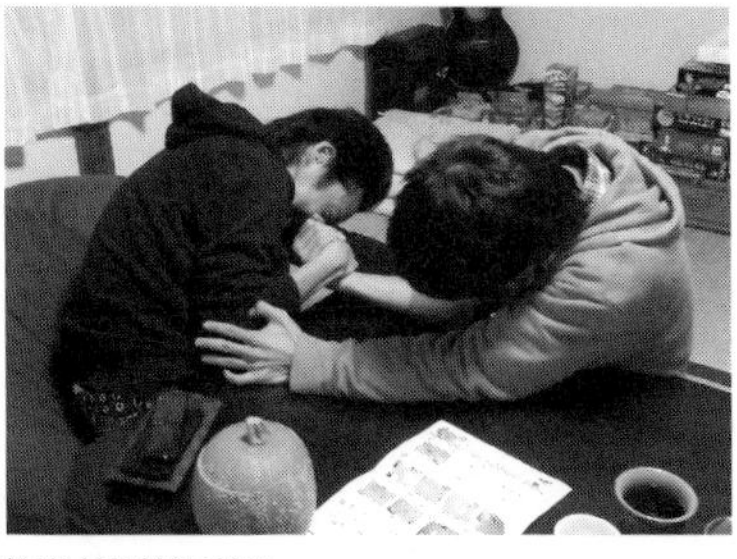

俺が小学生のころ、夜遅くまで仕事をして疲れているのに、
うたた寝しながら勉強を見てくれたおかん。

やっぱり俺が中学校に入って学校に行かなくなったのが
あかんかったんやろうか。

あのころからおかんも変わってしまった。
俺が学校に行かなくなったのと、
おかんが変わったのはどっちが先だったか
今となっては思い出せない。

正直、おかんがたまに性格が変わるのは今でも少し怖い。
医者はそれを心の病気と言った。

病気になってから、おかんは家事も仕事も長く続かなくなった。
だから今は、俺が学校に行かずに
家のことをして弟のめんどうを見ている。
そしておかんの性格が変わったときには、
病院につれていかないとあかん。

学校に行ってないんやない。
学校に行っている場合じゃないんや。

それに…
近所のおばはんが噂《うわさ》してたのを聞いた。
「仁くんのうちは、福祉からお金もらってるからいいねぇ」
家庭訪問に来た担任が言いよった。
「仁！　おまえ修学旅行来るよな！
おまえんちたいへんやからって、
せっかく国が修学旅行代もってくれるんやぞ。
おまえは絶対に来んとあかんのや！」

まわりからうちはそんなふうに思われとる。
テレビでもうちみたいな生活保護を受けている家庭は
どうしょうもないって言うとった。
高校行っている場合じゃない。
早く働かんと。

「…ちょっと、仁！　聞いとるん？
これきょう、福祉の人が来てくれて渡してくれたんやけど、
申し込んでおくよ。毎週金曜日夜やって」
なんやこれ。
「中3勉強会」
無料で大学生が受験勉強を見てくれるって？

アホか。高校もいかんて決めとる。
中学校の勉強はまったくやったことないのに
何が受験や。
中3勉強会のチラシをちらっと見ただけで
当然、金曜日の夜は家で過ごした。

翌週、「福祉の人」こと、田中のおばちゃんがやってきた。
ちょっとやかましいところがあるけど、
おかんの性格がおかしくなったときに
連絡するといつも助けてくれるので
けっこう頼りにしている人や。

「仁くん中3勉強会に来るかなって、楽しみにしてたんやけど。
勉強会はやっぱりめんどうくさい？
それやったら、今度するイベントに来ない？
いつもうちで家族のごはん作ってくれてるやろ。
レパートリー増えるかもよ」

「中3勉強会家庭科編」
スペシャルゲストに
あの有名料亭の元料理人来る！
安くておいしい秋の魚料理の作り方

まあこれなら行ってもいいかな。

会場の青少年活動センターの調理室には、
知らん中学生たちと
やたら明るい大学生らしい人たちがおった。
そんな明るい女子大生の一人が話しかけてきた。

「はじめましてやんな。私のことは
『おたま』って呼んでくれたらええし。
きょう同じ調理グループやし、よろしくね。
言っとくけど私、料理の腕はすごいからな」

確かにおたまの料理の腕はすごかった。
大根の皮に身をいっぱい残すわ。
味噌汁沸騰させるわ。
魚は焦がすわ。
こっちが教えてばっかりやった。

でも、おたまに「仁くんすごいな!」って
何度も言われたのは、
ちょっと照れくさかったけど、
なんか久しぶりに聞いたうれしい言葉やった。

ちなみにスペシャルゲストの料理人の正体は、
田中のおばちゃんやった。
福祉の仕事をする前、料亭で仕事していたって、

人は見かけによらないもんや。

でも、何で料亭やめて福祉の仕事はじめたんや?


「ほな、来週ここで勉強会あるしきぃや。

きょうの調理では教えられてばっかりやけど
リベンジで今度は私が勉強見てあげるし!」

「ぜってぇ行かへんし!」

おたまのほうをふり向かずに、俺は返事をした。

おかしい。
なぜ机の前にすわっているんだ?
あれから一か月――
気がついたら毎週欠かさず、
中3勉強会へ行くようになっていた。

調理の腕はからきしダメなおたまだったが、
算数、もといい数学を教えるのは天下一品だった。
小学校のときは見るだけでイライラした数字が
解き方さえわかればパズルのように答えが出ることを知った。

おたまはここでも、
「仁くん、すごいな！　こんなに飲み込み早いとかありえへん」
と、「すごい！」を連発していた。

休憩時間におたまが中学校の数学の先生めざして
大学で勉強しているのを話してくれた。
「おたまが担任やったら、
俺、学校へ行ってたかもしれんわぁ」
ぼそっと言ったそのときの、おたまの顔は今でも覚えている。

あんなにうれしい顔されたら、
なんか照れくさくてもう言えんわぁ。
なんかすごくいいことが続きすぎて、ちょっと怖かった。
なんか落とし穴があるんじゃないかって。

そして、予感は現実となる…

中3勉強会の帰り
今年はじめての雪がふった。
ちらつく白い雪の中、
赤い回転灯をまわした救急車が俺の目の前を通りすぎた。

「ただ・・・い・・・」
家の中は誰もおらず
割れた食器が散乱していた。

「仁くん！　たいへんやったんよ」
隣のおばちゃんが声をかけてきた瞬間、携帯電話が鳴った。

おかんの病気が悪化した。
止めようとした弟をケガさせ、おかんも弟もしばらく入院になった。

田中のおばちゃんは、
少しのあいだ、施設で生活したらと言ってくれた。
児童相談所の人も来て同じことを言った。

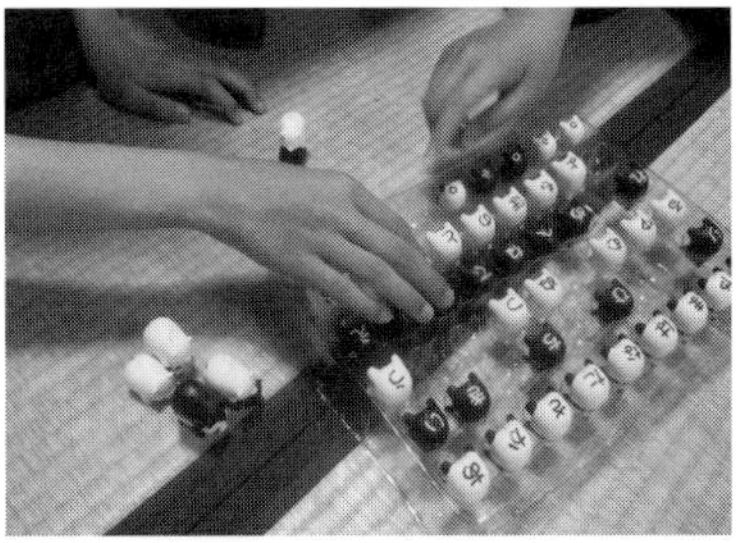

俺は数週間のことやし、何とかするって言うた。
施設に行ったら、
なんかこのまま家族がバラバラになりそうで怖かった。

けど。
真っ暗な家
ひとりぼっち
正直寂しかった。

「仁くん、うちのボランティアしてるとこで週に1回
夕方から夜までのんびり過ごす活動してるんやけど来ぇへん?」

中3勉強会が終わったあと、
おたまと田中のおばちゃんから話があるって別室に呼ばれた。
もうどうにでもなれって気分やったので
言われるまま参加することにした。

そこはなんか懐かしいにおいがした。
みんなで鍋をつつきながら

たわいもない話をする夕食って、いつ以来やろうか。
トワイライトステイとかいう夜の活動の雰囲気は昔のうちを思い出した。
ここでは男子学生のボランティアといっしょに過ごした。
「おたま」と同じく「うえっち」というニックネームがあった。

「うえっち」は、おたまのようにテンションは高くないけど
その低いテンションが心地よかった。
でも、そんな「うえっち」は、
ＡＫＢの話になるとテンション上がるのはここだけの話だ。

ある日の夕食後、うえっちがＡＫＢの新曲のダンスを踊ってくれた。
完璧な振り付けコピーのダンス。
それを見てて最初はおかしくて
腹を抱えて笑って、笑って、笑って、でもなぜか涙がいっぱいあふれてきて
うえっちは泣き笑いしている俺に声をかけることなく
最後まで必死でダンスを踊っていてくれたんだ。
トワイライトステイと中3勉強会のおかげで
今のひとりぼっちの生活を乗り切れそうな気がした。

年が明けて、おかんも弟も退院してきた。
そして俺の進路を決める時期が近づいてきた。

夏までの自分を思うと信じられないことだが
勉強がおもしろいと思えてきた。
おたまやうえっちみたいな大学生になりたいって
少しだけ思えるようになってきていた。
たまに家にくる担任からは
「家のこともあるしずっと学校に来てないし
定時制高校とかはどうや？」
と言われている。

定時制高校か…正直、俺のような人間が
仕事と学校を両立する自信はない。

おかんと弟が退院してきたけど
トワイライトステイには毎週通っている。
ここは心落ち着く時間と場所だから。

きょうは見たことがない高校生が来た。

「うわぁ、ここの夕食なつかしいなぁ」

その男子高生は去年までここに来ていたことを話してくれた。

「え？　自分も学校行ってへんの？
僕は不登校のベテランやし何でも聞いてや」
不登校のベテランって…
けど経験者と話すのは気楽で
「不登校あるある」で盛り上がった。

先輩は定時制高校に行っていた。

先輩のうちも俺の家みたいやった。

そっか定時制高校ってそんな感じなんや。

それなら自分もがんばれるかも。

2月14日
中学生になってはじめてバレンタインチョコをもらった。
トワイライトステイのときに、おたまがもってきてくれた。

「甘いもん嫌いやし」

ああ、またやってしまった。
せっかく持ってきたおたまに
なんでこんなこと言ってしまうんやろう。

「ビシッ！」
おたまは鞄からもう一つ袋を出して
俺の目の前に突きつけた。

「そんなこともあると思って
こんなものも用意してきました。
神社で仁くんの合格祈願してきたので
そこで買ってきたえんぴつ。
どうだ、まいったか！」

まいりました。

「じゃあチョコはボクがもらって…」

うえっちがチョコに手を伸ばす。

うえっちの手より早くおたまがチョコを回収した。

「うえっちにあげるぐらいなら自分で食べるし」

「義理チョコやと思ってもらっとくで」

「私、義理チョコとかあげへん派やから」


……

えええええーっ⁉

トワイライトステイの銭湯からの帰り道
「うえっち、ホワイトデーのお返しって普通なんなん？」

火照った顔は風呂あがりやから。

さりげなく、さりげなく聞いてみた。

「きょうのバレンタインのお返しか？」


…うえっちよ、空気読んでくれ。

突然、肩を組んで耳元でうえっちがつぶやいた。

「とっておきのお返しを特別に教えてあげよう、少年」

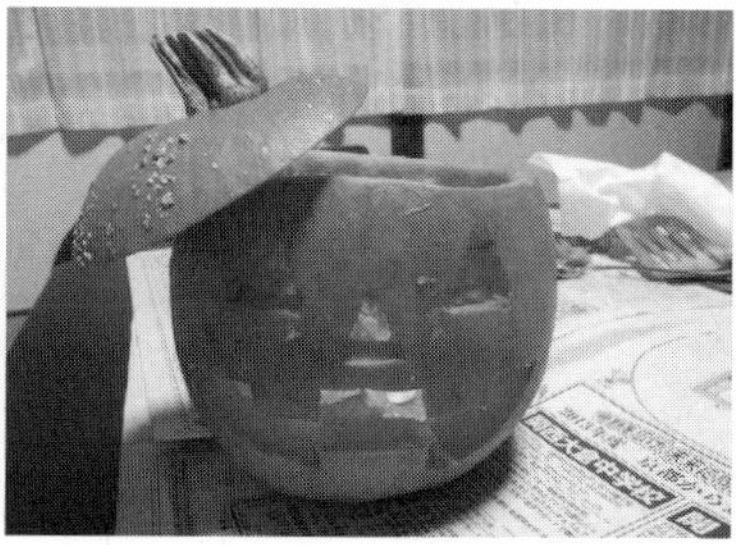

…ほんまそんなもんで喜ぶのか？

バレンタインにもらったえんぴつが
半分の長さになったころ、
定時制高校の受験日となった。

面接練習も、うえっちといっぱいやった。
ここで自分が変わったことを
あがらずに面接官に伝えた。
筆記試験も自分の力を出し切った。

そして3月14日
うえっちが絶対に喜ぶといった
あのプレゼントを持って
おたまのもとへ。

おたまがプレゼントの袋をあける
「すごい！　すごいやん！」

歓喜のあまりおたまが泣き出した。
何度目のおたまの「すごい」だろう。
何度この「すごい」に元気をもらえただろう。
おたまの手には高校の合格通知。

でも「すごい」のは合格した俺じゃなくて
いつも支えてくれたおたまたちやで。

ありがとう。

もしあのときあそこへ行ってなかったら
今、自分はどうなっていたのだろう?

●この物語は、山科醍醐こどものひろばの子どもの貧困対策事業をモデルにしたフィクションであり、登場する団体・人物などの名称は、すべて架空のものです。
●「仁の物語」の動画は、山科醍醐こどものひろばホームページ内「情報発信の動画いろいろ」から、ご覧になれます。
●仁の弟を主人公にした「智の物語」の動画は、幸重社会福祉士事務所のホームページ内「子どもの貧困を考えるワークセット」から、ご覧になれます。

第1部

子どもの貧困課題への挑戦

ゆっきー
幸重《ゆきしげ》忠孝《ただたか》

特定非営利活動法人
山科醍醐こどものひろば 前理事長

子どもの貧困対策事業のようすを一人ひとりの物語として紹介し、なぜこの事業が必要なのか、何を大事にしているのかをお伝えします。

CHAPTER 1

家庭と学校のあいだに落ちていく子どもたち

男の子はどうして家に帰りたがらないのか

「てっちゃん、きのうも家に帰るのが遅かったので、心配してきたお母ちゃんが学校に電話してきてみんなで町内中探しまわってたいへんだったんですよ。もうホントにあの家どうしたらいいんでしょうね」

職員室へ入ってきたスクールソーシャルワーカー★に教頭先生が話しかけてきました。この小学校でのスクールソーシャルワーカーの仕事は、いつもこの親子の報告を受けることからはじまります。

★スクールソーシャルワーカー
小中学校や教育委員会で働くソーシャルワーカー（福祉相談職）。福祉課題を抱える児童生徒が置かれた「環境」へはたらきかける。関係機関とネットワークや校内チーム支援体制をつくる。

きのうのてっちゃんの話はこうでした。日が暮れて職員室にいた先生たちが帰りじたくをはじめていた夕方6時ごろ、てっちゃんの母親がパニック状態で学校に電話をかけてきました。

「うちの子がさらわれた！」

電話を受けた教頭先生は、「またか」と思いながらお母さんの話をメモしはじめました。

体調がよくなく寝ていたてっちゃんのお母さんが目を覚ましたのは5時すぎ。家に小学2年生のてっちゃんの姿はなく、家に帰ってきた気配もありません。てっちゃんの寄り道はいつものことだったので、お母さんはいつものように学校から自宅までの帰り道に、てっちゃんの姿がないか、探し歩きはじめました。たいてい、途中で見つかるか、学校まで見つからないときは職員室に来て、「まだうちの子が帰ってきてません」と大騒ぎをし、職員総出で探すというパターン。

しかし、この日は少し違っていました。てっちゃんの姿を探しながら学校へ向かうてっちゃんのお母さんに、近所の方が声をかけてきたからです。「そこの竹やぶの前に転がっていたのだけど、お宅の子どものランドセルよね？」。てっちゃんのお母さんはランドセルを受け取りながら、震える手で携帯電話を取り出し、「うちの子がさらわれた！」と学校に電話をかけてきたのでした。

「ほんとうにさらわれたのなら、まずは警察に電話だろ」、そう思いながら、教頭先生は事故や事件の可能性も否定できないこともあり、学校から警察に電話を入れ、残っていた職員総出で近所を捜索しました。2時間後、鍵をかけ忘れた町内会の倉庫の中で寝ているてっちゃんが見つかりました。母親は大泣きしながらてっちゃんに抱きついたあと、「寄り道せずに帰りなさいといつも言っているでしょ!」と、てっちゃんが倒れるぐらいの平手打ち。抱きつかれたときも叩《たた》かれたときもてっちゃんの目が凍っていたことに気がついていた人はほとんどいませんでした。教頭先生は怒るお母さんをなだめながら、てっちゃんに、「寄り道してはダメなこと」「みんなに迷惑をかけたこと」を厳しく指導し、でも無事でよかったと頭をなでました。てっちゃんにとって家がほっとする場所ならこんな大騒ぎは起こらないのに。こうやって悪循環がくり返されるごとに、教頭先生は学校としてどうにもしてあげられない無力感に苛《さいな》まれていました。

学校にスクールソーシャルワーカーがやってきた

スクールソーシャルワーカー活用事業を文部科学省が2008年に導入し、少しずつですが、教育現場に福祉の専門職であるスクールソーシャルワーカーが入ってくるようになってきました。なぜ、福祉の専門家が教育の場である学校に入ってくる必要があったのでしょうか。

子どもの虐待、子どもの貧困などの家庭課題を抱えた子どもたちやその保護者が、さまざまな形で日中の生活の場である学校現場でSOSともとれるアクションを発していています。しかし、教育の専門家であっても家庭を中心とした福祉的視点が少ない学校の先生たちだけでは学校外の専門の社会資源とつながることができず、その子どもや家族から発せられるSOSのようなアクションに対応することが困難になってきたからです。

ケース会議で見えてくる「帰りたくない理由」

スクールソーシャルワーカーが入って支援していたてっちゃんのケースについては、何度も学校内や関係機関とケース会議を重ねていました。ケース会議を通してっちゃんが家に帰りたがらない理由、母親の行動の背景について、学校の先生たちや関係機関で、ある程度の共通認識をもつことはできていました。まずてっちゃんの母親はそううつ状態で精神科クリニックへ通っており仕事はしていないこと。うつ状態のときはてっちゃんの養育（食事、掃除、洗濯、家庭学習など）がきちんとできていないこと。そう状態のときはしつけについて厳しく時には体罰もあること。保育園のと

きから保護者同士のトラブルが多く、同級生の親はてっちゃんの母親と関わることや自分の子どもがてっちゃんに関わることを避けていること。父親は派遣社員で地方の工場で働いており生活をともにしていないこと。近所に頼る親戚もいないこと。多額の借金があるようで経済的に苦しいこと。

竹やぶ事件の翌日の夕方、スクールソーシャルワーカーが入って緊急のケース会議が学校で開催されました。

「そりゃ、あのお母ちゃんが家に待っていると思うと、ボクが子どもなら絶対帰りたくないですよ」

そう話すのは、いつもてっちゃんの母親からの電話や手紙にふりまわされている若い担任の先生。

「さすがに児童相談所に一時保護してもらったり施設にあずけてもらったりできないのですか」

スクールソーシャルワーカーに向かって児童虐待担当のベテランの先生が提案してきました。

「もちろん、昨夜のことは伝えているので、最終的には児童相談所が判断することになりますが、ご飯も食べさせていますし、母親が精神的に不安定ながらも日常的な暴力は見られず、基本的にはわが子のことを心配しているわけなので、たぶん一時保護するような支援レベルにはならないと思いますよ」

「学童保育で放課後だけでもあずかってもらうことは？」

「先生、昨年いらっしゃらなかったので知らないと思うのですが、実は入学したときは学童保育を使ってたんですけど、すぐに保護者同士のトラブルがあって、結局、いつものようにお母さんがてっちゃんを学童保育に行かせないってなったんです」

「ちょっとここで相談する話かわからないんですが、てっちゃんってイライラしたらすぐにえんぴつ折ってしまうでしょ。最近自分のえんぴつだけでなく隣の席の子のえんぴつも折るようになってきて、で、どうもそのことでクラスの子たちが怒っていて、てっちゃんのことを仲間はずれにしているようで…」

結局、「見守り」で終わりがちな支援

スクールソーシャルワーカーが学校に入っていくことで、気になる子どもや家庭の支援についてその家庭の背景をしっかりと把握し、子どもの行動の背景をとらえたうえで学校としてできる支援を考え実践し、学校で無理なことは関係機関とつながる形で支援をしていくことが少しずつできてきています。特に家庭課題や本人課題が重たいケースについては、福祉・医療などの専門機関と連携することで支援が大きく前進

します。しかしながら、てっちゃんの家庭のような予防的な支援が必要な家庭の支援については、学校内でケース会議や関係機関でネットワーク会議（要保護児童対策地域協議会★）が開催され、何かあったときや状況がたいへんになったときのためのセーフティーネットが張られる「見守り支援」で終わってしまいがちなのが現状です。

もちろん、このセーフティーネットのおかげで多くの支援者が見守ることになりますが、緊急性が低いゆえに子どもやその家族が直接支援されることは少なく、結果として時を重ねるごとにじわじわと、子どもの課題の解決が困難になっていくという負のスパイラルに陥っていきます。

★要保護児童対策地域協議会
虐待を受けている子どもなど、支援が必要な子どもの早期発見や適切な支援のため、関係機関が連携・協力するために、その子どもが住む市町村で開かれる会議。児童福祉法に定められている。

2010年、NPOがはじめた子どもの貧困対策事業

てっちゃんのように不適切な養育環境下で育っている子どもは決して特別な存在ではなく、どの学校のどのクラスにも必ず存在します。親の精神疾患、経済課題を抱えるひとり親家庭、親の夜間就労や夜間介護、地域からの孤立、親の失業、そこからくる学校での集団不適応など。いわゆる子どもの貧困課題を抱えている子どもたちが今の日本には6人に1人もいるのです。福祉の関連機関が介入して親子が離れて暮らさないといけないほど深刻ではないものの、家庭の貧困課題や親のしんどさを背負った

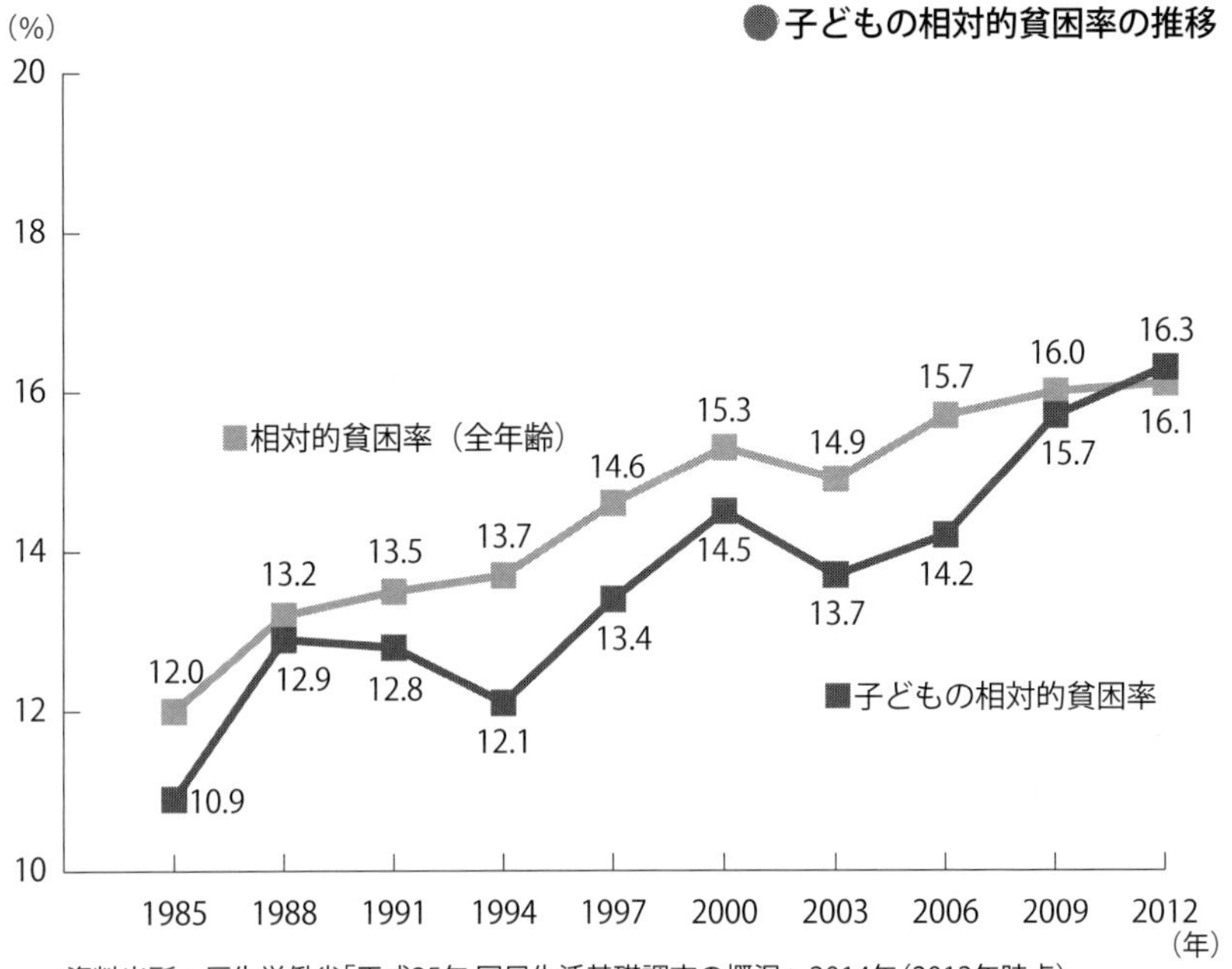

資料出所：厚生労働省「平成25年 国民生活基礎調査の概況」2014年（2012年時点）

子どもの相対的貧困率とは

相対的貧困率は、国民１人ひとりの所得を順番に並べ、中央の値の半分未満の人の割合です。この場合の所得とは、収入から税金や社会保険料を差し引いた１人当たりの所得を指します。厚生労働省「平成25年 国民生活基礎調査の概況」(2014年)では、年間111万円(実質値)が貧困ラインになりました。

「子どもの相対的貧困率」は、この貧困ラインを下まわる世帯に属する17歳以下の子どもの全子ども数に対する割合になります。

特に、ひとり親家庭の貧困率は高く、54.6%になります。また、保護者が一生懸命に働いても、不安定な雇用や非正規雇用などの低賃金であるために貧困から脱することができないということも大きな問題です。

しかし、この数値だけでは、子どもたちが貧困によって生きにくさを抱え、夢や希望をもちにくく苦しみの中にいる、そのリアルは伝わってきません。

子どもたちは、やがて学校生活でもさまざまな不適応行動を起こしてきます。気がついたときには不登校やひきこもり、自傷や非行行為に走る子どもたちも決して少なくありません。そこからくる低学力や経験不足も大きな問題です。もちろん、それに対して今以上に学校や福祉の関係機関が動かないといけないのはまちがいありませんが、日本社会の経済状況が停滞している中で貧困課題が家庭を蝕《むしば》み、支援を必要とする子どもの数は急激に増えています。

そのような現状の中で、いつまでも家庭の養育能力の低さをまわりで責めたり、学校と関係機関がもぐら叩きのように問題が起きてから対処という支援をしてばかりいては子どもの貧困課題を抱えた子どもを負のスパイラルから救うことはできません。そこで家庭と学校以外で子どもを支えていく場として、新たに地域でできることが求められています。

そのような社会の要望に応えるように動きはじめた地域の市民団体があります。

特定非営利活動法人(NPO法人) 山科醍醐《やましなだいご》こどものひろば。

子育て支援や子どもの健全育成活動を中心に取り組んできたこの会で、「子どもの貧困対策事業」と呼ばれる活動が2010年夏にはじまりました。

私たちの身近にある子どもの貧困問題

金澤ますみ
桃山学院大学

「子どもの貧困問題」と聞くと、「日本にそんな問題があるの？」と不思議に思われる方は多いと思います。たとえば、子どもの小学校入学時を思い浮かべてみてください。父方のおじいちゃんがランドセルを、母方のおばあちゃんは、勉強机をお祝いになんていうこともめずらしくないでしょう。

でも、「てっちゃん」の場合はどうだったのでしょうか。実は、日本の義務教育では授業料と教科書代は無償ですが、それ以外に「子どもが学校に行くために必要なお金」のほとんどは、保護者が負担しています。給食費、修学旅行費、制服、体操服、クラブ活動の費用、裁縫道具や書道のセット、数え上げればきりがありません。

多くの人たちはそれを「あたりまえ」と思っているかもしれませんが、ほんとうにそうでしょうか？　それがあたりまえだということは、保護者の経済状態によって、子どもが受ける教育の質が変わることを意味します。そんななかで、食べられない、遊ぶ機会がない、勉強できる環境にない子どもたちは、成長発達する機会も奪われていくのです。

これが、子どもの貧困問題の一例です。つまり、日本で暮らす子どもたちには「等しく教育を受ける権利」が保障されていないのです。ですから、私は、子どもたちが保護者の経済状態によって左右されない学校システムに変えていくことが急務だと思っています。まずは、「食べる」ことを保障するために、学校給食費くらいは無償にしてほしいと願っています。

もちろん、「お金」の問題が解決すればそれでよいということではありません。子どもたちが安心して過ごせる場の保障も必要です。「お母さん、夜遅いんやったら、うちでごはん食べていき」という関係がまだ素朴にあった時代をなつかしんでいるだけでは、この問題は解決しません。

「山科醍醐こどものひろば」のとりくみは、かつて地域が「あたりまえ」にもっていた人と人のつながりを、「新しいカタチ」で再生しようという試みなのだと思います。

CHAPTER 2

山科醍醐こどものひろばではじまった子どもの貧困対策事業

かなり個性的「楽習サポートのびのび」

山科醍醐こどものひろばの「子どもの貧困対策事業」は、この会に関わる人たちの声から誕生しました。第1章で紹介したように、その一つは学校での子どもの貧困の現状をよく知るスクールソーシャルワーカーが２００９年にこの会の理事長に就任したこと。もう一つは、「子どもの貧困対策事業」のベースになっている「楽習サポートのびのび」事業を利用している保護者たちの要望に応じたこと。

「楽習サポートのびのび」は、それまで山科醍醐こどものひろばが取り組んでいた、子どもたちに文化体験活動を提供したり、異年齢集団の中で子どもとおとなが協力して何かプログラムをつくり実践することを目的にした活動ではなく、さまざまな事情（不登校、発達課題など）によって集団活動が苦手で自分に自信がない子どもたちに、ボランティアの大学生がマンツーマンで関わり子どもをエンパワー★することを目的とした活動です。

たとえば、「手打ちうどんをつくって食べよう」という企画があった場合、従来の活動であれば参加した子どもは、当然、基本的にはうどんづくりをしないといけません。しかし、楽習サポートのびのびとしてこのプログラムを行う場合なら、ある子どもが声をかけてもうどんづくりに参加したくなくて本を読みはじめたとき、マンツーマン体制なのでそれもOKとして認め、マンツーマンの学生サポーターもうどんはつくらずに子どもの横に寄り添って、いっしょに本を読んで過ごすことになります。

また、活動後のスタッフふり返り会では、体験目的の活動の場合は、うどんづくりの説明が子どもたちにわかりやすかったかなどプログラムのこと、うどんづくりに参加しない子がいたとしたら、どうすれば参加してもらえたかを話し合ったりすることになります。しかし、楽習サポートのびのびのスタッフふり返り会では、プログラムではなく一人ひとりの子どものようすを確認し、どうすれば活動に参加したのかではなく、「なぜ参加しなかったのか」を話し合い、うどんづくりはしなかったけれど、そ

★エンパワー（メント）
人間が本来もっている潜在能力の発揮を可能にするようにまわりの環境を整えることで、内発的な力を生み出し、本人の自立や自信を強めること。そのために本人の健康面や強みを高める考え方。

の日の子どもの成長やよかったことを探し出します。

2005年にはじまったこの活動は、2010年夏まで、毎年10人程度の登録者を対象に、小集団での余暇支援や家庭訪問スタイルで活動していましたが、年々利用者の中にひとり親世帯の子どもが増えてきて、一部の保護者から平日の夕方や夜も活動を提供してもらえないかとの声が切実な要望としてあがるようになってきました。

このように、学校現場で働くスクールソーシャルワーカーの声と楽習サポートのびのびを利用する保護者の声を受け、さらに、行政の委託事業を活用することが可能となったことで（詳細は本書第2部をご参照ください）、山科地区で2010年7月に商店街の空き店舗を活用した「こども生活支援センター」がオープンし、夜の生活支援としてのトワイライトステイ★、そして朝食提供サロンが子どもの貧困対策事業としてスタートしました。トワイライトステイでは、楽習サポートのびのびで培ってきた大学生によるマンツーマンサポート体制が組まれることになりました。

夕方からにぎやかになるこども生活支援センター

「ただいま。ごはんまだやんな?」

仕事帰りの私がこども生活支援センターの扉を開けると、「ゆっきー、おかえり。

★トワイライトステイ

保護者が仕事等の事由によって恒常的に帰宅が夜間にわたる場合等、児童福祉施設等において生活指導、食事の提供等を行うことにより、その子ども及び家庭の生活の安定、子どもの福祉の向上を図ることを目的とする福祉サービス。巻頭カラーページをご参照ください。

今からごはん取りに行くねん」と、小学4年生のわったんの声が返ってきました。「せっきー、ごはん取りに行こう」と、わったんが学生サポーターのせっきーの手を引っぱります。「さおっちは行かへんの？」、もう一人のサポーターのりょうちゃんが、ソファーでマンガを読んでいる中学3年生のさおっちに声をかけます。マンガに集中しているのか返事はありません。「じゃあ、行ってくるな」と、さおっちにひと声かけて、りょうちゃんは靴を履き、わったんとせっきーの後を追ってセンターを出ていきました。

子どもたちは夕方5時ごろに、こども生活支援センターにやってきます。センターでは、子どもたちとマンツーマンで関わる大学生のサポーターが、子どもたちがやってくるのを待ってくれています。基本は一度に2人までの子どもしか受け入れません。それは一般的な家庭の規模にしたいからという思いがあるからです。

子どもたちがやってきたら、夕食までの時間はサポーターといっしょにおのおの好きなことをして過ごします。宿題をしたり、サポーターと外でキャッチボールをしたり、ひたすらおしゃべりする日もあれば、黙々と本やマンガを読む日もあります。来た瞬間ソファーで眠り出すこともあるかと思えば、みんなでわいわいとボードゲームをするときもあります。そして、7時前にセンターと同じ商店街のお店に夕食を取りに行きます。日によっては仕事帰りの理事長や事務局長など法人スタッフや職員、夜の会議にやって来るほかの事業の学生ボランティア、時には見学者もいっしょに加わってテーブルを囲んでの夕食になります。夕食のあとは、何となくお茶を飲みながら談話していることが多いです。もちろん、あわてて宿題をはじめる子もあれば、お風呂までの時間、もうひと遊びする子もいます。

トワイライトステイでは細かいプログラムは決まっていません。家で過ごすように、子どもたちにゆっくり過ごしてもらいたいからです。そして、こども生活支援センターは法人の事務室を併設しているので、夜の時間でもたくさんの人の出入りがあります。そんな人と人が自然とふれあう空間も、「子どもの貧困」を抱えて育っている子どもにとっては大事な心の栄養補給の場になっています。

子どもたちはお客さんでも生徒でもないから

また、山科醍醐こどものひろばの大事な理念の一つに、「ここには指導者はいない」という考えがあります。おとなと子どもがともに過ごしていますが、先生や親のような関係性はありません。だから、子どももボランティアも、たとえ理事長であっても気軽にニックネームで呼び合います。

そして、子どもたちのことをお客さんにもしません。単純作業など人手がいるときなどは、遠慮なく「ちょっと封筒にチラシ入れるの手伝って」と、事務局スタッフから声をかけられます。強制はしないけれど、ちょっとしたお手伝いをしているときの子どもたちの顔は、いきいきしています。自分が役立つそんな役割があることも、子どもたちの自己肯定感を高めることにつながっているのです。

そんなこんなしているうちに、夜8時前になると地域の銭湯にサポーターといっしょに出かけます。銭湯までの道中のサポーターとのおしゃべりも大事な時間。けっこう、この夜道でぽろっと、「最近うちでなぁ…」とか、「学校の友だちが…」と、深刻な話をはじめることも多いのです。銭湯でゆっくりと1日の疲れを取り、時には銭湯の常連のお客さんから声をかけてもらい、また、お風呂ならではの裸のつきあいだからこそ、誰にも話せない第二次性徴期の自分の身体のことをサポーターに話してくることもあります。

ちょうど子どもたちがサポーターと湯船につかっているころに、保護者がこども生活支援センターへ迎えにやってきます。こども生活支援センターで留守番している職員は、保護者が子どもを待っているあいだにさりげなく親の悩みを聞いてくれます。貧困課題を抱えた保護者の中には地域や人間関係から孤立していたり、つながる時間が少なかったりする人もいます。子どもを待っているあいだ、お茶を飲みながら若い職員と話をする時間があることで、結果として、家での子どもへの関わりにおいてもゆとりを生み出すことになっているのです。

「おかえりなさい」

こども生活支援センターで、わったんのお母さんが出迎えます。

「あんな、きょう、お風呂でせっきーが…」

「あーっ、それは誰にも言わんって約束やんけ！」

あわててわったんの口をせっきーがふさぎます。わったんもお母さんもせっきーもみんな笑っています。

こうしてこども生活支援センターは、きょうも子どもたちにほっとする一夜を届けます。それは子どもたちだけではなく、その保護者にも子育てにちょっとしたゆとりを与え笑顔を増やしてくれます。そして、そんな親子の帰る姿を見送る学生サポーターにも、ほかのボランティア活動では感じることができない心地よい疲れと喜びを与えてくれているのです。

CHAPTER 3

制度の枠に苦しむ専門家と手をつなぎはじめた専門家

専門的な支援って何だろう？

社会の中で子どもの貧困を抱えた家庭を支援している専門家は、教育や福祉関係を中心にさまざまいます。子どもが日々通う保育園の保育士や幼稚園・小学校・中学校・高校の先生たち、時には福祉の専門機関が関わっていることもあります。児童相談所や市町村の家庭児童相談室のソーシャルワーカー、福祉事務所で生活保護を担当するケースワーカー、児童福祉施設を利用している場合はそこで働く職員たちもいます。

しかし、どの支援現場にも言えることですが、専門家であってもマンパワーが不足しており、本来の力を発揮できない現状があります。そして、それぞれが自分のテリトリーの中では専門性を発揮していますが、それを超えた支援については、専門家が専門家としてのルールを守ろうとすればするほど、「支援のタブー」として目の前に突きつけられます。

たとえば、朝ごはんを食べずに学校にやってくる子どもたちがいます。もちろん、ダイエットのための朝食抜きではなく、経済的な事情や保護者の事情で朝ごはんが準備されていない家庭の子どもです。空腹というのはやっかいなもので、当然そのような状態が続けば、学校で勉強する意欲や休み時間にみんなと走りまわって遊ぶ気力が出てくるわけがありません。このことを知って見かねた保健室の養護教諭★が、この子のために毎朝、登校時に保健室でおにぎりを出しはじめました。一見、子ども思いのよい先生の話にも思えますが、専門家視点で見ればこれは、「適切でない支援」ということになります。たまたま先生はこの子どもが朝食をとれていないことを知りましたが、同じ環境下の子どもはほかにも校内に必ずいるわけで、これは平等な支援といえません。また、朝食を提供することは学校教育の範疇《はんちゅう》を超えていて、もし事故があったときに組織として責任が負えないこと。さらに次の年度、この養護教諭が同じ学校にいるわけではなく、継続できない支援をすることは長期的にはよくないこと――な

★養護教諭
保健室などに常駐して在学生の心身の健康を掌る学校職員。子どもの貧困を抱える子どもたちは心身の不調を訴えることが多いことから、子どもの貧困課題をいちばん身近に感じている教職員でもある。

どなど、朝食が準備されないことが、緊急支援を必要とする命に関わる問題ではないがゆえに、おとなの小さな同情で目の前の子どもに支援をしないことのほうが専門的な支援であるという考えが学校や福祉の組織に浸透しています。

確かに理論としてはその通りです。しかし、保健室での毎日のおにぎりで子どもは元気を取りもどし、勉強したりみんなと遊んだりするエネルギーを生むプラスのスパイラルを生み出している事実がそこにあります。専門的な理論を優先し直接支援をせずに「見守った」結果、どんどん負のスパイラルに陥るというリスクもあるのです。

おなかがすいて学校で勉強や遊びの気力がない
↓
勉強に遅れる。友だちと遊ぶ機会が減る
↓
学校へ行っても意味がない・おもしろくないと感じはじめる
↓
学校に行かなくなる・食べ物を万引きする・何か食べられるたまり場に行くようになる

結局は、すぐに救い出せる可能性があった予防可能なケースが、支援に時間がかかる深刻なケースに移行してしまうこととなり、最終的にはその支援に現場の手が取られるということになります。その将来の悪循環がわかっていて「見守る」のがほんとうに専門的な支援なのでしょうか。また、そのような状況の中、なぜ、専門家の枠内だけで抱え込んで支援をしようとするのでしょうか。

専門家とのパートナーシップのむずかしさとすごさ

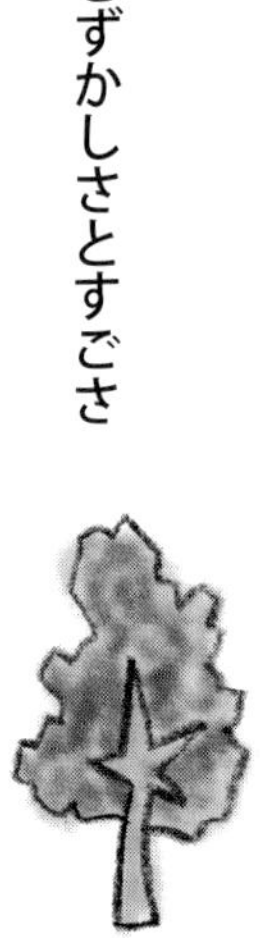

第2章でふれたように、山科醍醐こどものひろばが、NPOとして子どもの貧困対策事業を地域ではじめて3年がたちます。その中で地域の専門機関と連携を取ろうとしたときに、地域で保育、福祉、教育とそれぞれの領域で活躍する専門家の多くが、自分の領域や組織から出ない(出られない)タイプの専門家であることから、結果としてうまく連携できず、制度の狭間で困難を抱える家庭に支援を届けられないむずかしさを感じています。

この3年のあいだ、残念ながら福祉や教育の専門機関から直接ケースがつながったことはほとんどありません(ワーカー個人が紹介するケースは少ないながらありますが)。何度か関係機関をあいさつまわりし、常に地域のネットワークの会議で活動の実践や成果を紹介し続けています。マスコミを通しても活動が知られてきていることもあります。行政職員や福祉現場の職員や学校現場の先生たちは、「すごい活動ですね」「こういう活動をもっとほかの地域にも増やさないとダメですね」「すぐにでも使いたい子どもや家庭があります」と、そこでは絶賛の声をあげてはくれます。

しかし、ではその後に実際に自分たちの抱えているケースをつなげる流れができるかと言えば、そうではありません。また、こちらがケースで連携しようとしても市民団体であることで対等なパートナーシップ関係にならないこともよくあります。

それはなぜか？　おそらくそれは先ほど説明した通り、専門家による専門的支援というものが制度に基づいて決まっており、その枠組みの中でマニュアル的になっていることが影響しているように思われます。

山科醍醐こどものひろばは、福祉事業や教育事業を掲げて専門家が活動する組織ではなく、さまざまな立場の地域ボランティアが地域の子どもに必要な活動を新しくどんどんつくり、福祉や教育制度にない活動をしている市民団体です。実際にケースで連携の話し合いをもったときに、子どもに直接関わるのは専門家でない学生ボランティアであると知ると、行政職員や専門職の方の中には、残念ながら、あからさまに嫌な顔をしたり、「この保護者は精神疾患があるから、学生さんだとすぐに取り込まれる」「この子の発達障がいを理解して支援計画を立てているのか」と専門家的もの言いで、素人を関わらせないでほしいというメッセージを発してくることがあるのも、現実です。

しかし一方で、貧困課題を抱える家庭が多い地域の学校では、スクールソーシャルワーカーがあいだに入り、学校教育の現場だけではマンパワー不足なので山科醍醐こどものひろばと連携したいと話をもちかけてきたことによって、子どもの貧困対策事業の新しいプログラムが誕生したり発展したりすることもありました。

★通学合宿（ナイトステイ）は、手をつなぎはじめた専門家のおかげでスタートすることができた活動です。

★通学合宿（ナイトステイ）については、巻頭ページをご参照ください。

泊まりの活動ってすごい

「うわぁ、これは大失敗やな」

「こんなん餃子じゃないやんけ」

「まあええやん。お腹に入ったらいっしょやって」

ホットプレートを囲んで、子どもたちと学生たちが、無残な姿になった餃子をごはんにのせて食べはじめました。きっとプロの栄養士や調理師がいる施設なら、ちゃんとした夕食を子どもたちに提供できていたはずです。しかし、通学合宿で学生たちが子どもたちと作った餃子は、見た目はいまいちでも、心が満腹になる不思議な味がしました。

消灯時間。子どもたちの布団の隣に学生サポーターたちはそれぞれ布団を敷きます。子どもたちは布団に入りはしますが、そのまますぐに寝つく子は少ないです。いつもは口が悪いえもりんは、サポーターのカッパくんにお母ちゃんの自慢をしています。向こうの布団にいる姫とあねごのところでは、サポーターのかほちゃんが、冬だというのに怖い話を読み聞かせています。いつもは帰りの遅い親を待ちながら、こたつの中で夜遅くまでゲームをしたりテレビを見たりしているうちに寝てしまっている子どもたちがほとんどですが、この通学合宿中は小さな子どものようにそれぞれのサポーターに見守られながら眠りにつきます。

午前3時。眠りについていたえもりんが、突然「ふふふふ」と笑い出しました。「どうしたん?」、宿直に入っていた職員が声をかけながらえもりんの布団に近づきました。穏やかな顔で「スー、スー」とえもりんの寝息が聞こえてきます。「寝言かい!」と暗闇で1人で突っ込みを入れながら、驚きを隠すことはできませんでした。

そう、この活動に参加しはじめたころも、えもりんはよく寝言を言っていました。でも、そのときは眉間にしわを寄せた険しい顔で、寝言の内容も「ぶっ殺す!」「あっちに行けや!」という叫び声でした。安心して眠ることができるとこうも変わるのか。子どもたちに対して専門的な療育や心の治療をしているわけではありませんが、あたりまえの日常を保障することで、子どもの心にプラスの変化を生み出していることを感じるある冬の一夜でした。

できないことをお互い助け合うことで増える子どもの笑顔

醍醐地域には、宿泊機能をもった法人が管理する山の家があったことと、助成金を受けることができたことで、通学合宿という名で宿泊型の生活支援がはじまりました。従来であれば山科醍醐こどものひろばの活動は、利用者である子どもたちの親が申し込むところからスタートです。

子どもの貧困対策事業においては、まずここに大きな壁が発生しますが、この事業はスクールソーシャルワーカーや学校の管理職と手をつなぐことではじまったことから、このような活動と家庭をつなぐことについては学校が全面的に協力してくれることとなりました。

その結果、民間であるＮＰＯとしていちばんむずかしい、ほんとうにサービスを届けたい子どもへ学校の力を借りてダイレクトにサービスをつなげることができました。これまでの学校や先生たちであれば、ＮＰＯとつながって目の前の課題に向き合うということは考えにくいことでしたが、「自分たちの枠を超えて」でも子どもの生活を支えたいという校長先生をはじめとする管理職の判断で、このようなコラボレーションが可能となりました。

学校内で行った事前説明会や活動の半年後に行った報告会には先生たちも参加し、

映像を見たりサポーターからのエピソードを聞いたりして、学校では見ることのできない子どもたちのようすに驚き、その活動のたいせつさを学生たちにフィードバックしてくださいました。

この事業をきっかけに、その小学校で放課後に取り組む「放課後まなび教室」★に山科醍醐こどものひろばのサポーターたちが入り、その延長で小学校の空き教室を利用した夜の支援もはじまりました。

学校での子どもの貧困対策事業とＮＰＯでの子どもの貧困対策事業がうまく重なり合って、単独組織ではできない部分を補完し合う——これからそんな活動に進化していくことが期待されます。

★放課後まなび教室
京都市教育委員会が小学生の放課後の「自主的な学びの場」「安全・安心な居場所」を充実させるために学校施設で行っている取り組み。地域ボランティアによって運営されている。全国でも同じような取り組みが広がっている。

CHAPTER 4

子どもが変える子どもの貧困対策事業

子どもたちの課題から生まれた学習支援活動

３年間の子どもの貧困対策事業を通して、ありがたいことに京都のみならず全国から視察や見学があり、また、実践報告であちこちから呼ばれることが増えてきています。その中でくり返し報告を聞いている方によく言われるのが、「話を聞くたびに活動が増えているよね」ということば。

そう、子どもの貧困対策事業は、これまで紹介したような活動だけを指すのではなく、常に子どもたちのようすや成長に合わせて活動が増えたり変化したりします。な

ぜなら、子どもの貧困対策事業は「手法や手段」にこだわっているのではないからです。

たとえば、子どもの夜の生活支援を行う中で、利用を希望する子どもたちの多くが、不登校状態であることや学校の勉強についていけていないことが見えてきました。もちろん、夜の生活支援の中でも子どもたちが望めば勉強を見ることをしていますが、あくまで受け身的な学習支援。子どもがどこでつまずいているのか、どのような教え方がよいのかということは、どうしても生活支援において優先順位が下がってしまいます。

また、夜の生活支援ということで、なるべく利用しやすいように敷居を低くはしているものの、子どもを夜あずけることについて必要としている家庭があっても、その性質上、気軽なサービス利用がしにくいのが現状です。

しかし、学習支援という入口であれば、親も子どもも学習塾感覚で利用しやすくなります。このように次の課題と展開が見えてきたことで、2年目の子どもの貧困対策事業では新たに「学習支援」をメインとするプログラムをはじめました。ちょうど同じ時期に日ごろ山科醍醐こどものひろばと連携している山科青少年活動センター★で行政主導の生活保護世帯のための学習支援「やましな中3勉強会」がはじまりました。そこでは利用者が生活保護世帯の子どもだけと絞られてしまうのですが、この「やましな中3勉強会」と、どのようなターゲットでも受け入れることが可能で、生活支援のオ

★**青少年活動センター**
公益財団法人京都市ユースサービス協会が指定管理を受けて運営。中学生から30歳までの若者が無料で自由に使える居場所機能をもち、ユースワークのさまざまな活動を展開している。京都市に7か所。

プションもつけられる山科醍醐こどものひろばの「学習支援プログラム」が協働することで、互いの短所をカバーし助け合う形での事業展開がスタートしました。

高校生になっても元気になる活動をつくっちゃう

また、子どもの貧困対策事業は小学生から中学生を参加対象にしてきましたが、当然中学校を卒業する子どもたちが毎年出てきます。行政など枠組みがある支援であれば、サービス対象でなくなったので活動を卒業ということになります。しかし、中学校を卒業したからと言って、子どもの貧困課題が解決するわけでなく、逆に自立や進路に向けて子どもたちの生活により大きく負担がのしかかってきます。そこで2年目の子どもの貧困対策事業では、卒業後の居場所づくり活動をはじめました。しかし、ただ居場所として集まるだけでは生産性もなく次のステップにつながらないことと、集まってきている高校生年代である子どもたちも、ただ集まるだけではもの足りなさを感じていたことが見えてきました。

その流れを受け3年目は、山科醍醐こどものひろばに地域から子ども関係のボランティア要請があるときに、この高校生たちが要請に応えるボランティアチームとして動くための新たな活動がはじまりました。中学生までは、個別支援という形で学生サ

ポーターがマンツーマンで関わることからエンパワーされ自己肯定感を高めていた彼ら彼女らが、今は地域の子どもに関わるボランティア活動に参加することで、地域の方や子どもたちから「ありがとう」「助かるわ」という声をもらって自己肯定感を高めています。ある地域の夏祭りで企画をまかされたとき、事前の会議を何度も重ねました。特別支援学校に通う高校生、定時制高校に通う高校生、高校には行っていない世代の子、もちろん、全日制に通う高校生たちが同じテーブルで話し合う姿は、まさにノーマライゼーションを自然に実践している不思議な空間でした。

お祭り当日も地域の人たちは「山科醍醐こどものひろばの高校生」として普通に接し、地元の高校の生徒会ボランティアたちとも仲よく交流しながら協力して準備している姿を見ることで、まさにこれは、地域福祉がめざしている包括的な支援の一つの形なのであろうと確信をもっています。

ななめの関わりでちょっとした成長モデルの学生サポーターたち

このように、成長した子どもたちが支えられるだけでなく支える側にもまわることも増えてきました。実はこの現象は卒業した子どもたちの活動だけではなく、今、支えてもらっている子どもたちと学生サポーターとの関係においても同じことが言えます。つまり、子どもたちがサポーターである学生に元気や自信を与えているということです。

「なぜ、学生のサポーターなのか」と質問されることがよくあります。いちばんの理由は子どもとの「ななめの関係性」が生み出す力が大きいこと。この前まで子どもで、おとなの入り口に立ったばかりの青年期の学生たちと子どもとの関係は、親や先生との指導的関係に代表される上下関係でもなく、同級生たち同世代同士の横の関係とも違い、人間関係の距離感に多少の融通がききます。このようなことがななめの関係性の強みとしてあります。

次に大きな意味を感じるのは、専門家ではないことから、逆に何にも縛られずラベルづけせずに、ほんとうの意味で人と人とのつきあいが子どもとできることです。専門家が子どもを支援すると、子どもの課題を把握し、家庭状況や心理状況や発達段階などを意識して声をかけ、また、関わりの中で行動観察を行うことになります。

しかし、子どもの貧困対策事業では、よく驚かれるのですが、子ども個別の家庭状況や発達課題の詳細情報を学生サポーターには原則伝えません。「母子家庭の○○ちゃん」「アスペルガー★の△△くん」ではなく、ひとりの人間として、目の前の「○○ちゃん」「△△くん」と向き合ってほしいからです。ラベリングをしないことで子どもと素で向き合ってほしいことと、何よりも子ども自身が素の自分を見てほしいと思っているか

★アスペルガー症候群
社会性・興味・コミュニケーションについて特異性が認められる広汎性発達障害。他者の気持ちを読むことが苦手であったり、言葉をそのまま受け取ったり、些細なことにこだわってしまうことで、多数派集団から理解されにくいことが多い。

らです。そんな学生たちの関わりは、専門家から見ると、「ちょっとその言い方は」とか「もうちょっとこうすれば」と思うことはよくあるのですが、専門的な関わりでないからこそ、専門家では絶対に引き出せない子どもの笑顔や大きな変化を生み出しています。

あとは、子どもの貧困課題を抱える子どもたちにとっての身近な成長モデルであることです。山科醍醐こどものひろばの他のボランティア活動であれば、学生ボランティア同士が自分たちの話題でもり上がって、子どもが置き去りになっていれば、スタッフとして注意することになります。しかし、この活動では必ずしもそうではありません。たとえば、夕食中に、学生サポーター同士がバイトや大学の話でもり上がることも、モデルが身近にいない子どもたちにとって意味があることになります。学びたいと思うこと、おとなになりたいと思うことのきっかけをつくることは、リアルな学生だからできることなのです。

支えてもらっているのは、実は学生サポーター？

このように、子どもにとって学生がサポーターをする必要性もあるのですが、もう一つおもしろいところは、サポートをしている学生たちが子どもたちから支えてもらったり、学びの機会をもらったりしているという事実です。多くの学生に言えることですが、現代社会では若者自身も自己肯定感が低く、自分が社会や他人に必要とされていないと感じて自信をもちにくい学生時代を送っています。そのような小さな自分が、子どもの貧困対策事業で課題を背負った子どもたちをサポートすることで、関わった子どもたちが驚くほど変化する姿を目の当たりにして、実は自分がもっている力のすごさに気がつくことができます。

この事業においての専門家の役割は、まさにこの場面で生かされます。子どもと関わる学生たちをバックアップし、学生たちの関わりのどの部分が子どもにどうプラスの影響を与えているのかを専門的視点で学生たちにフィードバックします。この活動はボランティア定着率がかなり高いのですが、それは子どもの変化とそれを専門家がきちんと学生へ返している結果だと考えられています。そのようなサポーターとしてやってくる学生たちが単一大学、単一学部だけでなく、多くの大学や学部から集まることで多様な学びをしていることもよい効果を出しています。

まったく教育や福祉と関係ない分野を学ぶ学生が、この活動を通してこの分野に目覚めることも多々あります。ある学生は、ひきこもっていた子どもに関わることで、その子どもが人との関わりの中から世界を広げていく姿を目の当たりにしたことから、ひきこもりの若者を支援する若者サポートステーションに就職をしました。また、ある学生は、通学合宿で子どもが愛情を与えることで変化する姿を見て、自分のしたかったことに気がつき、大学卒業後、小学校で支援員の仕事をしながら通信制大学に再入学して教員免許を取得すべく励んでいます。彼ら彼女らをその世界に押し出したのは、子どもの貧困課題を抱えた子どもたちでした。

もちろん、対人援助職と呼ばれる福祉、教育、心理を学ぶ学生もサポーターとして多く活動しています。彼ら彼女らは大学の学習で子どもと関わる機会をたくさんもっていますが、この事業ではそれだけでなく、保護者と話す機会が多くあることから教育実習や福祉実習では学ぶことのできない貴重な体験を重ねています。子どもの貧困課題が子どもに与えている影響と、そのような家庭の保護者が子育てに日々悩んでいる姿を目の当たりにすることが、将来、教育や福祉現場に立ったときに子どもの背景理解に大きく役立ちます。そしてきっと、子どものために枠を超えることのできる大きな視点をもった専門家になってくれると信じています。

子どもの貧困対策事業の土台にある「山科醍醐こどものひろば」

このように3年間という短い期間に、変化進化し続けている子どもの貧困対策事業は、これからも地域や関係機関を巻き込み包括的な支援を意識しながら、何よりも子

どもの声や姿をいちばんのきっかけにして、ますます変容していくことになります。しかし、どれだけ手法や手段が変化しても、子どもが支えられるだけでなく、まわりの学生や地域にも力を与え、保護者にとっても安心と気持ちのゆとりを与えるというｗｉｎ－ｗｉｎの活動であることは、今後も変わらぬ理念であり続けるはずです。

なぜ、自信をもってそのように言い切ることができるのか、それは山科醍醐こどものひろばという会そのものが、手法や手段を変えながらも、33年間地域で育ってきた過程とまったく同じだからです。

ここまでの第1部では「子どもの貧困対策事業」というミクロな視点でそのことにふれてきましたが、次の第2部では、その母体となる山科醍醐こどものひろばのメゾ・マクロな視点から、社会課題に市民活動がどこまでアクションできるのか提言していきます。

●第1部の子どもたちの名前は仮名です。
紹介したエピソードは、プライバシーへの配慮から、再構成しております。

子どもたちが社会や人につながっていくすごいところ

や　矢盛晶（やっくん）
若者サポートステーションで働くユースワーカー。大学では文化政策を学び３回生から学生サポーターとして、山科醍醐こどものひろばでボランティアをはじめる。

ふ　藤原真由子（ふじこ）
大学では社会福祉を学び、３回生から学生サポーターとして参加。山科醍醐こどものひろばの職員（トワイライトステイ担当）を経て、現在は特別支援学校教諭。社会福祉士。

ゆ　幸重忠孝（ゆっきー）
司会・文責

教育と福祉現場で働く元学生サポーター

ゆ　きょうは忙★しいところありがとう。久しぶりの再会を祝してカンパイチャリティでカンパイやね。

ゆ や ふ　カンパーイ！

ゆ　では、さっそくそれぞれの今の仕事から話してもらっていいかな。まずはやっくん。

や　ボクは、京都若者サポートステーションで就労支援の仕事をしています。対象は15歳から概ね40歳までの無業状態の方です。働くことに向けて一歩踏み出す支援しています。

ゆ　若者向けのハローワークとは違うんだよね。

や　そうです。働くことに不安がある方や仕事に向けて一歩踏み出したい方に対して、専門の相談や就労体験はしますが、求人紹介や職業訓練の斡旋は

体験や経験が圧倒的に不足しているように感じます。

まじめすぎて職場に適応しにくいタイプが多いです。

行っていません。

ゆ どんなタイプの人たちと関わっているの？

や 一概にこのタイプとは言えないですけど、仕事に対して関心がないわけでなく、働くことに不安がある方や、人と関わることに苦手意識がある方、職場に適応しにくい方などがいます。ただ、仕事に対して、とてもまじめな方が多いですよ。

ゆ まじめなのに仕事に就きにくいの？

や 仕事そのものはそつなくこなせますが、仕事って休憩や出退勤も含め人と関わらずにすむことはあまりないですよね。そこで相手に合わせたり、雑談したりすることが苦手で、仕事がしんどくなり、辞めてしまう方もいます。

ふ そこは私の職場の子どもたちも一緒ですね。知的障がいということもあるけど、それだけでなく人と関わるためのコミュニケーションが苦手で、最初からあきらめて人と関わらなかったり気持ちを押し殺している子が多いですよ。

ゆ あ、じゃあ、次にふじこの仕事も聞かせて。

ふ 私は特別支援学校の高等部で教員をしています。子どもたちは軽度から重度までさまざまですが、知的障がいを抱えています。学校といっても勉強よりも就労のための職業訓練が多いです。

ゆ 子どもたちと関わってどんなことが気になる？

ふ 体験や経験が圧倒的に不足しているように感じます。障がいをもっていることで、逆におとなが失敗させないように先まわりして手助けしすぎることが多く、自分が困っていることを伝えることができなかったりしてますね。

ゆ 2人とも、こどものひろばの「楽習サポートのびのび」で関わってきた子どもたちのような高校生や若者を支える仕事で日々奮闘中なんやな。

サポーターだったからこそ、今の仕事で見えること

ゆ さて、2人ともがっつりサポーターとして活動

してくれていたけど、こどものひろばの活動に参加していたからこそ、今の仕事で気がつくことってある？

や 就労支援という仕事の中で、相手のことをしっかり理解することと人のよいところを見ること受けとめることとの大事さかな。

ふ わかる、わかる。私も勉強を教えることよりも、子どもたちが自分の気持ちを伝えられるように、人を頼るようになってほしいと思いながら日々関わっています。

ゆ 2人ともコミュニケーションが苦手な子どもや若者を対象にしているわけやけど、2人が今さっき、大事って話してくれた気持ちのやりとりをできるようにするには具体的にどうしているの？

や それは「楽習サポートのびのび」（第2章参照）でいつも言っている、自己肯定感をどう高めるかを意識することかなと思ってます。

ふ そうそう、特に地域の中学校から特別支援学校に来た子は、すごく自己肯定感が低い。それどころか、交流事業で地元の小・中学校へ行くときは、顔が真っ青になってイヤがる子が多い。

や なんで自己肯定感が低いかを考えると、子どものときのからの成功体験の少なさや家庭環境、信頼できるおとなの不在などの影響が大きいです。

ゆ やっぱり、自己肯定感を高めるには、ほめていくの？

や ほめることもたいせつですけど、「のびのび」で学んだのはそれだけじゃなくて、相手の状況に合わせて待つことの大事さ。それと誰でも絶対得意なことや強みをもっているので、その人のよいところを見つけて、その場で伝えることですね。

ふ 学校にいるとイベントが多くて時間に追われるけど、何とか待つ時間をつくること。あと、何もしないで寄り添う時間が大事だということを今、自然とできているのは、「のびのび」で子どもたちが待ってもらうこと、寄り添うだけで変化した姿を見たか

寄り添って、何もしないことには勇気がいる。

その子の将来にも、学生自身にも影響を与えている。

らだと思います。

や …と言っても実際は、寄り添うだけでなく、時には弱みも自覚してもらう必要がありますね。あと、関係をつくる中で、いっしょに何かをしたり待ったりすることはたいせつですが、待つことは無言の時間もあるので、沈黙が続くと、外から見たときにどう思われているのか冷や冷やしますよ。

ふ うちも複数担任やから、実は、同僚の先生の目が気になっています。何もしないことには勇気がいる。

ゆ まあ、それが今までと違って仕事で関わるときのジレンマだよね。

ふ 授業が終わって放課後に子どもと話しているときは、指導も評価もしなくてよくて、こどものひろばで子どもと関わっていたときみたいに話せます。で、そういうときは子どもたちとほんとうに笑顔で話せます。

や ボクも利用者と就労の話をするとはじめは険しくなる人が、趣味の話などを通して、信頼関係が生まれて仕事の話につながったり、笑顔が見られます。

ふ インドア系の子が多いよね。土日に何していたか聞いたら、ほぼゲーム。

ゆ でもそれって、結局、社会と関わる場が少ないから、家の中で収まるゲームやテレビやネットに時間をかけているってことだよね。

や だから、こどものひろばのように、さまざまな活動を体験できる場って、たいせつですよね。

ふ 私の職場の子どもたちにも、ほんとうに「のびのび」やひろばのような余暇時間を過ごさせたいです。

子どもたちや子どもと関わっている方へのメッセージ

ふ こどものひろばでは、自分自身が頼られること…いや、自分がいることに意味があると感じられてうれしかったです。子どもが楽しみに毎回来るか

指導されないのに自然と学べる場所。

ら、こちらも来ようと思えるわけですし。子どもとの信頼関係も、お互いを求めて求められてのくり返しの中でつくられていくことが実感できました。

あと、子どももおとなも多様な人がいるから、指導されないのに、自然と学べる場所ですね。単なる遊ぶだけのところ、学ぶだけのところでない場所。だから、子どもにとっても誰でもがモデルになってもいい。また、モデルは1人じゃなくて、それぞれのいいところをモデルにしてもいいしね。これからもいろんなきっかけを子どもたちとつくってほしいです。

や 今、自分が青少年支援の仕事をする中で、子どもに対する活動のたいせつさをものすごく実感してます。ひろばにはいろんな活動があって子どもが社会とつながるきっかけがいっぱいあります。その中で、子どものときから自信を築き、自分のモデルとなるおとなを見つけて、それぞれの子どもが社会や人のつながりを広げて成長していく――。そんな活動を通して、その子の将来にもよい影響を与えているし、それがボランティア自身の糧になっていくことを自分の体験から自信をもって言えます。

ゆ ホント、きょうは忙しいところありがとう。ほな、きょうはこれで…あれ？

（対談会場の喫茶店に、偶然、山科醍醐こどものひろばのおばさま方が、「ひろば」の活動を終えた後のうちあげにやってくる）

「ひさしぶりじゃない！」―― 山科醍醐こどものひろばは、そんな人との出会いがあるまちをつくっていることを実感する終演でした。

★カンパイチャリティ

「あなたのカンパイが、まちの笑顔に生まれ変わる」をテーマに公益財団法人京都地域創造基金が、京都の飲食店とともに実施する京都発で日本初の地域展開型チャリティキャンペーンで、子どもの貧困対策事業への寄付も多くの飲食店からいただいています。今回の座談会の会場もそんな喫茶店の一つです。

学生サポーターから職員へ

私の可能性を引き出してくれた山科醍醐こどものひろば

梅原美野
山科醍醐こどものひろばスタッフ

大学の学園祭に活動で参加 大学の広さに 子どもたちはびっくり！

閉じこもっていた大学生活

私が「山科醍醐こどものひろば」に出会ったのは、大学2年生(2008年)の夏です。

このころの私は、大学の授業にもろくに出ないで、塾講師のアルバイトばかり。アルバイトでは、担当の子どもたちのプリントを深夜までつくり、毎日のように塾で子どもの自習につきあうという日々。とてもハードでしたが、アルバイトは自分が必要とされていると思える唯一の場所だったので、しんどさを感じたことはありませんでした。

大学では同級生のなかでうまくなじめず、授業がおもしろくなく高いお金を払って大学に行く意味が見出せずにいました。まわりはサークルやボランティア活動などで充実した大学生活を送っているなか、まわりに置いていかれるという不安な気持ちでいっぱいでした。

そんなとき、授業で大学の先生からボランティア募集のチラシが配られました。私にもできそうだと思ったのと、「今年からはじまった活動です」ということばに、引っ込み思案の私でも入っていけると思い、勇気を出してひとりで参加しました。

初回の活動では、子どもとほとんど話すことができずに終わってしまい、とてもショックでした。活動終了後に、幸重さんが「はじめて関わったから、わからなかったかもしれないけれど、あの子いつもよりいい表情してたんだよ。次はどう関わっていこうか」と声をかけてくれました。自分がうまくいかなかった悔しさを受けとめてもらい、ずっと見てきた子どもの変化を伝えてくれました。自信を失いかけていたのが、また活動に来たいというやる気へと変わり、私が関わったことで少しの変化があったのであれば、子どもたちともっともっと関わって仲よくなり、いろんな表情を見てみたいという思いから、活動に継続して参加するようになりました。

スタッフと一からつくった通学合宿

活動を始めて2年がたち、通学合宿が始まりました。活動のための資金獲得から小学校との打ち合わせ、行政機関や周辺地域へのあいさつなど、一から活動をつくっていくことは、大学生の私にとって何もかもが貴重な経験でした。

「俺の夢は、生活保護もらって生きていくこと!」と明るく笑顔で話す子ども。そのことばは現在でも胸に焼き付き離れません。生活保護ということばを、小学生で理解していること、そして親の生き方しか知らないことに、とてもショックを受けました。山科醍醐こどものひろばの活動で大学生と関わることで、いろんな生き方があることを知ってほしい――そう強く願いました。

親との関わりにも、はじめはとても悩みました。活動の時間を確認するために電話をすると「忙しいからかけてくんな」と言われ、名乗っただけで電話

はじめての宿泊活動終了後、
初代学生スタッフメンバーで撮った集合写真

を切られることも…。

活動では、夕食・銭湯・学校の宿題・朝ごはんなどといった生活のなかでのあたりまえのことをして、子どもたちといっしょに過ごしました。銭湯に向かう道中、おんぶを求められたら急な坂でもおんぶして歩き、ブランドのロゴマークが入ったかっこいいポーチを作りたい、と言われたら不器用ながらもいっしょに作り…できるだけ子どもが求めていることに、マンツーマンで寄り添い向き合うようにしました。

子どもたち・親たちの変化

そのような活動を重ねていくと、たくさんの変化やうれしいことがありました。

「♪のびのびの活動たのしいな～家族みたいだな～活動が終わってもサポーターはうちらのこと忘れないで～いつもありがとう～大好き～♪」

というすてきことばがいっぱいつまった歌をつくってくれたり、

「保育園(夜間保育)★のときは、預けられている感じで寂しかったけど、のびのびは何か違うね～」

「大学生になりたいな～で、ボランティアしたい！テル(学生サポーター)みたいな人になりたい！」

ということばが聞かれ、サポーターに命令し放題だった子どもたちも少しずつ穏やかになっていきました。

★楽習サポートのびのび

マンツーマンの学びサポート。小学1年生から中学3年生まで、集団学習がしんどいと感じている子どもに、個人のペースと意欲をたいせつに学習を進めています。学びをとおして自分に自信をもってもらうことを目的にさまざまな活動を行い、子どもとともにスタッフも成長していく姿勢で接しています。運営資金は利用料と寄付に拠り、割引制度も設けています。

子どもたちの親も電話の声が柔らかくなり、いつもありがとうございますと声をかけてくれるようになりました。学生の私に子どもの相談をするようにもなっていました。

子どもが活動を楽しんで帰ってくることで、親も元気になる。子どもが変わると親も変わるのかもしれない。子どもだけでなく、親に対しても想像力をはたらかせてしんどさを理解しなければいけないと考えさせられた活動でした。

今までの自分に気づきをくれた就職活動

通学合宿の活動が進んでいくなかで、就職活動が始まりました。とある会社の面接官から、「君はボランティアの経験を話しているとき、とてもいい表情をしているね」ということばをかけられました。子どもたちを元気にしたい、自信をもってもらいたいという思いでとりくんでいたことが、関わっている私自身も元気や自信で満たしてくれていることに気がつきました。

内定をもらっていた企業はすべて断り、改めて何をしたいのか考えました。そして、学びたくても学べない状況にある子どもの学習支援をしたいと思うようになり、その思いを幸重さんに伝えました。「じゃあ、こどものひろばでその活動しちゃおうか」ということになり、２０１１年4月から、山科醍醐こどものひろばの職員となりました。学生からフルタイム・正規雇用になった第1号です。

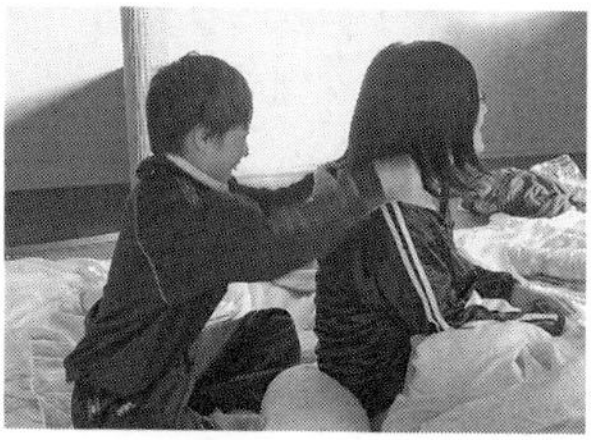

「マッサージ得意！」と、はりきって肩もみ。あ〜、いい気持ち！

「来年の干支ってなんだっけ？」無地の年賀状ってバランスむずかしい〜

過去の自分に感謝・現在の自分の思い

子どもが元気になることで、親や学生や地域や社会に変化が起きる。そのようなようすを日々感じ、毎日ワクワクしています。最近では、自分がしんどかった中高校生のころを思い出しては、その経験があったから今の自分がいるんだと、過去の自分へ感謝できるようになりました。それも、山科醍醐こどものひろばで子どもと向き合い、しんどくなっても支えてくれるスタッフがいたからだと思います。

今後も、たくさんの方にこのワクワクを知ってもらい、活動が届いていない子どもや山科醍醐地域以外の必要な子どもたちへ活動を届ける、そんな活動を応援してくれる人を増やして、子どもをとりまく社会に変化を起こす――これが私にできる恩返しだと思って、今後も活動していきたいと思います。

第2部

地域の子どもが育つ環境をつくる

村井琢哉《むらい たくや》

特定非営利活動法人
山科醍醐こどものひろば 理事長

子どもの貧困対策事業として、人と人との出会いや、活動を支える仕組みなどを生み出す環境づくりを軸に活動を紹介していきます。

山科醍醐こどものひろばの33年

「親と子の劇場」から「山科醍醐こどものひろば」へ

まずは、「子どもの貧困」に取り組む活動が生まれた団体についてその成り立ちや、活動、想いについてご紹介します。

山科醍醐こどものひろばの誕生は33年前の１９８０年になります。設立当初は、前身団体の「山科醍醐親と子の劇場」という任意団体として産声をあげました。もともと「親子劇場」「子ども劇場」といわれる福岡の母親と青年たちがはじめた取り組みが、全国的な運動となり、京都でも展開され、京都府内６地域に独立したものの一つです。

子育て中の女性が中心になり、主に、子どもたちとともに演劇や音楽の生の舞台を鑑賞する活動や、自然にふれる野外体験活動、そして各中学校区程度のサイズで取り組まれた子ども会活動を行ってきました。その活動は会員制度であって、会費をもとにそれぞれの活動が展開されてきました。会費を中心に運営している組織であるため、活動には会員しか参加できないものも多くありました。決して安価な会費ではありませんでしたが、当時は多くの会員を抱え、多くの子どもと家族に活動を届けていました。

しかしながら、バブル経済の崩壊や学力偏重の教育の影響、またその反面、土曜日が休みになることで学校をはじめ地域に多くの安価な活動が増えた結果、会員が減少しはじめます。当時の会員制度の活動は、すべての事業費、運営費をその会費でまかなっていましたので、会費も家族で会員となると家計負担もそれなりの金額でした。当然、景気が悪くなると、将来に向けて進学につぎ込まれることにもなり、このような文化体験活動への家計からの支出は抑えられる傾向にありました。

このような状況に直面し、「これからの（山科醍醐親と子の）劇場を考える会」を1998年に発足させ、議論を進めていくことにしました。議論の柱は「事業の見直し」と「会費制度の見直し」です。20年近く続けてきた運営の基盤となる会費制度でしたが、会員が減少することは、それをベースにした事業運営の困難さとともに、これ

まで届けられていた多くの活動を届ける参加対象の子どもまでいなくなることを表します。

そこであらためて原点に立ち返り、「だれに」「どんな活動を届け」「どんな社会にしたい」のかを考えていくことになります。結果として、より多くの子どもたちに活動を届け、公益的な事業展開をしていくために法人化をめざし、「山科醍醐こどものひろば」として再出発をしていくことになりました。この団体名には、「山科醍醐」という地域に根ざしながら、「こども」をまん中にし、「こども」のことで、親、家族、若者、地域、社会が手をつなぎ、いろいろな年齢の子ども、おとなが集う場(空間、活動)としての「ひろば」という意味が込められています。

「特定非営利活動法人」になるということ

1999年12月に設立総会をし、2000年3月から、特定非営利活動法人 山科醍醐こどものひろばとしてスタートします。NPOということばも耳慣れない中、新しくできた制度を活用しての法人化。事業自体の公益化ということだけでなく、そもそも「どのような存在に変わったのか」「法人格とは何なのか」「NPOとは何なのか」ということから、一人ひとりが学んでいくことが必要となります。学習会を開き、法人

●事業の変遷

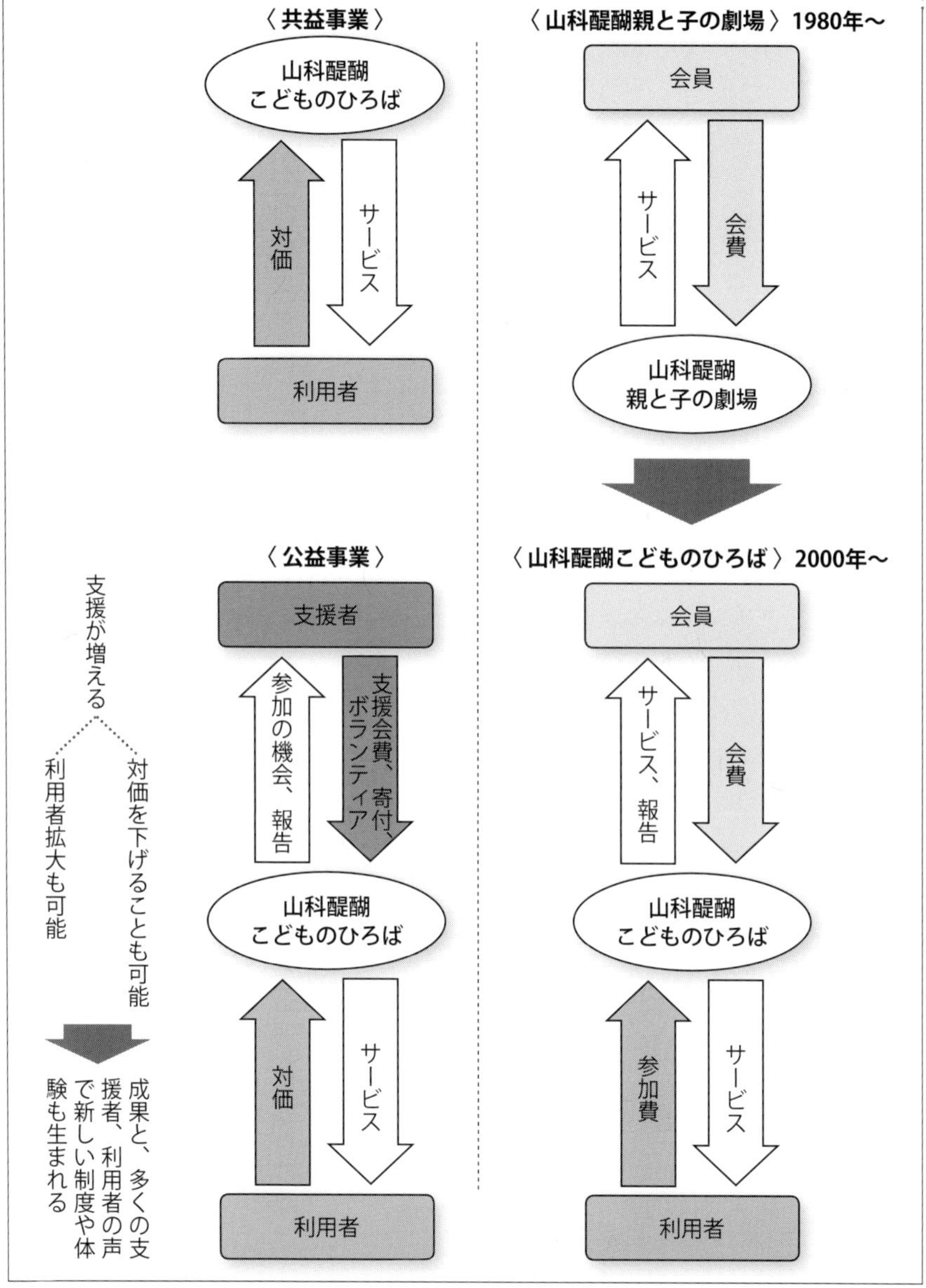
〈共益事業〉
山科醍醐
こどものひろば
対価
サービス
利用者
〈山科醍醐親と子の劇場〉1980年～
会員
サービス
会費
山科醍醐
親と子の劇場
〈公益事業〉
支援者
参加の機会、報告
支援会費、寄付、ボランティア
山科醍醐
こどものひろば
対価
サービス
利用者
支援が増える
対価を下げることも可能
利用者拡大も可能
成果と、多くの支援者、利用者の声で新しい制度や体験も生まれる
〈山科醍醐こどものひろば〉2000年～
会員
サービス、報告
会費
山科醍醐
こどものひろば
参加費
サービス
利用者

化に向けた検討会も重ねてきました。

しかし、サービスを受けることが主な目的だった一会員が、そのような議論をすべて把握することはなかなか困難であり、まずその足場をならすことからはじめました。会員の位置づけも、参加する立場から、活動を支える立場へ変わるのですが、変えた運営スタッフですら、過去の会員制度を引きずることも多々あり、数年かけて理解を進めていくことになりました。その反面、事業自体は、各世代の要求に合ったものや、それぞれの関心によって生まれるものなど、より多くの子どもたちが参加できるさまざまな事業が生まれていくことになります。

事業対象の拡大・活動の多様化

山科醍醐こどものひろばになり大きく変わったことが、事業対象です。特に地域の「すべての子どもたち」を対象とすることを目的に掲げたということは、いかなる年齢であっても参加できる事業があるということです。それまでの「山科醍醐親と子の劇場」では、各地域に合った活動展開ではありましたが、特に乳幼児期の子どもや家族が参加できる活動というものは少数でした。

そこで、乳幼児期から、小学生、中学生、高校生と各世代のつながりを意識しながら、各世代にふさわしい事業展開をしていくことにしました。また、文化活動を中心にしてきた活動展開だけでは、「不登校」「子ども虐待」など、当時、社会問題となっていた課題への実効性が弱いと、直接子どもとその親を支える活動が増えていくことになりました。いったんそのような子どもの成長に寄り添う形の事業づくりに切り替え、そこをベースにさらに有益な野外活動や創造芸術的活動、地域を探索する取り組みなどを展開していきました。柱は「子どもの育ち」であり、その育ちの過程で選ぶことができる「多様な選択肢」をともにつくっていくスタイルへ変わっていくことになりました。このような流れの中で、第1部でふれた「楽習サポートのびのび」の活動の誕生のように、集団活動を届けるだけでは参加できない子どもたちが顕在化してきたことから、個別サポート、そして、貧困対策へと、さらに事業が増えていくことになります。このように、事業を通じて見えてきた、さらなる子どもを取り巻く「課題」にアクションしていく組織文化が形成されていくことになりました。その結果、現在は年間活動日数が３００日を超えるような広がりとなりました。

「専門家」も「ふつうの人」もたいせつ

活動が多様化してくると、実際にそんなことができるのかという場に直面します。

これまでは会員のボランタリーな力でその局面を乗り越えてきました。そんな「まち」の「ふつうの人」の助け合いで多くの活動はある程度つくることができます。

しかし、時には、活動に「特別」が生まれます。町の探検をするなら、町の歴史を知った人に、その由来やその時代背景をわかりやすく説明してもらう。そのことで、子どもたちが、より豊かなイメージをもってくれます。しかし、それを「まち」のだれもができる訳ではありません。でも、同じ「まち」に、普段は「ふつうの人」であるけれど、あるテーマや分野や条件のときには、その特別を生み出してくれる人が存在しています。人は時に「ふつうの人」にも「専門の人」にもなることができ、子どもたちにあたりまえの「寄り添い」と「特別」を届けてくれます。それが劇づくりでも、キャンプでも同じように「まち」の専門家が応援してくれています。

また、活動の手法そのものの専門家だけでなく、本書のテーマでもある子どもの貧困問題のように、子どもや福祉の専門性を問われるときがあります。でも、自分が子どもの立場であれば、自分のまわりが児童福祉の専門家ばかりの活動だとしたら、どうでしょうか。専門の支援が必要だからこそ専門家の存在は重要ではあります。しかし、子どもの日常を考えれば、ふつうの人に囲まれて暮らしているのですから、専門家より、子どもに寄り添うできる限り「ふつうの人」として、子どもたちにとって多様なモデルとなる人たちがあふれることがたいせつなのだと感じています。

山科醍醐でも薄れる「まち」のつながり

山科醍醐こどものひろばの活動の中だけに「特別」があるのではないのは当然で、まちにはさまざまな支え手の方々がおられます。地域のつながりが希薄化してきたということが全国で聞こえてきますが、実際にはどうなのか。私の目から見たこの山科醍醐地域について、ここで、ふれておきます。

山科醍醐は、私が生まれ育ち、今現在活動を続けている地域です。このまちで育ち、多くの地域のみなさんに育てていただきました。自分の育ちとともに、まちも変化してきました。まちの変化というのは、開発はもちろんですが、そこで暮らす人も変わります。たとえば、人の変化がわかりやすいのはやはり、年齢を重ねるということです。もちろん、新しい世代も育ち、また転入、転出もあるのですから、単純に平均年齢が上がるという意味ではありません。

この第2部では、子どもが育つ環境を軸に話を進めていきますが、ここで言う「年齢を重ねる」は、その子どもが育つ環境を地域で支えている「担い手のみなさん自身」の話です。地域のさまざまな会議で話題になるのは決まって、「担い手不足」「高齢化」「資金不足」と「公的機関への不満」です。特に「担い手不足」と「高齢化」に関しては、活

動を次の世代に託すことができず、役員を続けているうちに、10年以上たってしまったというお話を地域の各会議でよく耳にします。そうすると、ご自身が親の介護をしなければならない世代にさしかかり、地域の活動と親の介護、そして家庭のことと1人で何役もこなさなければならないことに陥って疲労困ぱいということになります。

また、70代、80代の自治会の役をされている方が、自分自身が介護を必要とする状態になるということもあります。このような状況になったときにこそ「地域が」となりそうですが、その介護が必要になる前にそのような役をやってこられた方は、自治会などに迷惑をかけまいと役を降り、また役ができないからと自治会そのものからも脱会されます。その結果、これまで地域のためにとがんばってこられた方が、地域福祉のネットワークから突然抜け落ちるということが起こっています。そのような困難な中でも、地域のみなさんは一生懸命子どもたちの登下校の見守り、夏祭りの開催といった子どもに向けたアクションを起こしておられます。

しかし、実際に、困っている子どもへのアプローチは不足しているのが現状です。だからこそ、自治会に若い世代に入ってもらわないといけないという議論になります。でも、子どもがいる家庭の20～40代の方々は経済的なこともあり共働きも多く、地域活動に時間を割かれる自治会に簡単に入会することはあまりありません。子どもの貧困を抱える家庭であれば入会は困難です。また、核家族化が進む中では、結婚を

機にこの地域に転入してきた世帯も多く、まず、「自治会の存在を知らない」「自治会長がどんな人かわからない」「自治会窓口がわからない」など、「わからない」ことがたくさんある組織に、地域に転入してきたという理由だけで関わることはむずかしいと言われます。その結果、子育てがはじまっても、多くの地域の先輩がいても頼ることができず、孤独に子育てをしている家族が、まちに増えていくことになります。

さらにある地域では、公営住宅の比率が高く、入居者は、高齢世帯やひとり親世帯、在日外国籍の方の世帯などそれぞれが自分たちの生活を維持していくことに必死になっており、とても他者のためにという状況ではない現状があります。この本のタイトルにあるように「子どもたちとつくる」とは言っても、今のまちは、「子どもたちと」の「と」という接点をつくるために必要な、住民のつながりが、ところどころ切れている状況にあります。

子ども・若者を支える公的機関の悩み

一方、教育・福祉機関や行政へ目を向けてみると、このような地域福祉課題への対応に悪戦苦闘しているが、解決の糸口がわからず困っているという声が聞こえてきます。生活保護の受給者でいえば、対策以前に、気を抜くと受給者が倍以上になるのではないかと心配しているという声も聞きます。その中で、ケースワーカーが個別のケースに対応しているが課題を抱える人は増えても、対応するスタッフは増えないという状況にあります。どの福祉課題を見ても同様に人手不足であり、この地域であれば、区、市、府どこも悩みを抱えた状態になっています。さらに、従来地域福祉の支援を担ってきた社会福祉協議会も高齢化に対する介護事業や、低所得者などへの生活福祉資金貸付制度の対応が増えていることで、他の地域福祉の課題に細かく対応できる体制ではありません。

また、学校現場は、第1部でもふれている通り、子どもを取り巻く課題が多様化していることで、対応が複雑化しています。教科を教え、学級運営をしなければいけない教師としては、そこまで手がまわらない状況があります。少子化なのだからと言っても、実際には、児童・生徒数に対して教職員の人数が決まるので、教職員1人の負担は変わりません。むしろ、対応がむずかしい子どもや家庭が増えていることと、教師の中間世代(40代)が少ないことで、ベテランと若手の認識にも差があり学校全体で対応することがむずかしいという話もうかがいます。

保育の現場を見ると、山科醍醐地域では待機児童の問題は深刻ではなくても、全国共通の慢性的な人手不足という課題はあり、保育所の外へのアプローチまでは至っていないところが多いのが現状です。そのほか、児童館や青少年活動センターといった施設が京都市は他地域に比べ多いことからも、子どもたち・若者たちを支える空間は多いのですが、同じく人手不足の課題を抱えています。結果、既存の支援や施設、制度の中で対応できず、こぼれ落ちる子どもたちを受けとめられずにいます。

子どもの貧困問題からまちづくりへ

地域によって課題が違うことは当然のことですので、この状況が全国で起こっているとは言いません。しかし、各地域特有の課題に対し、従来の地域活動や公共サービスがあったとしても、どうしても制度の狭間にあふれてしまう子どもたちがいることは確かです。

山科醍醐こどものひろばの「子どもの貧困対策事業」は、法人全体の理念にある通り、「地域に住むすべての子どもたちが、心豊かに育つことをめざし、地域の社会環境・文化環境」をつくる中で、貧困問題に焦点をあてた事業をはじめただけなのです。だからと言って、子どもの貧困だけ見ていても解決にはつながりません。入り口を子どもの貧困問題として、その子どもを取り巻く、家庭、地域、社会の環境へアプローチしていく——それは最終的にどのような地域・まちをつくるかということにつながっていきます。

CHAPTER 6

課題と市民をつなぐ
――ボランティアや寄付者とともに――

「内輪」から社会の課題へ

山科醍醐こどものひろばの現在の事業展開において大きな原動力となっているのは、ボランティアの力です。会員となって財政面も活動の担い手としても支えてくれる方々はもちろんですが、それ以外に、事業を支えてくれるボランティアが学生、社会人で200名ほどいます。関わり方はそれぞれで、「子どもと関わりたい」「何かボランティアをしてみたい」という学生から、仕事やこれまでの経験を生かした、「プロボノ★」としてデザインや地域サロンでの講師で活躍する人、また、発送作業のお手伝

★プロボノ
各分野の専門家が、職業上もっている知識・スキルや経験を生かして社会貢献するボランティア。

いなどに取り組んでくれる方々など多くの市民が活動を支えてくれています。しかしはじめからボランティアがいたわけでもありません。

第5章でふれたように、山科醍醐こどものひろばは、もともとは会員組織でした。そのなかで、高校生、大学生、概ね30歳くらいまでの若者を「青年」と位置づけ、キャンプや子ども会活動に関わってもらっていました。その青年たちは、中学生まではキャンプや子ども会の参加者であり、つまり会員の家族ということでした。基本の事務局や事業の運営は主婦を中心とした母親会員が支え、キャンプや子ども会などのスタッフを、会で育った「青年世代」の若者が活動をつくっていく――そのような流れができ上がっていました。このため、組織の外からボランティアを募り、活動を支えていくということはありませんでした。当時の活動の目的を伝え、共感し活動に参加するなら、「まず会員に」というスタートラインでした。

しかし、特定非営利活動法人となったことを契機に、事業対象もより公益になるだけでなく、その担い手の門戸も広げていくことがたいせつだという議論の中、10年前（2002年）からボランティアの受け皿となる事業が立ち上がりました。

NPO法人化したときにも「NPOとは」と学習会をもち、会員への啓発などを行ったときと同様、「ボランティアとは」ということを内部研修し、各事業を担当するスタッフと学び、組織としてのボランティアの位置づけを確立していくところからはじ

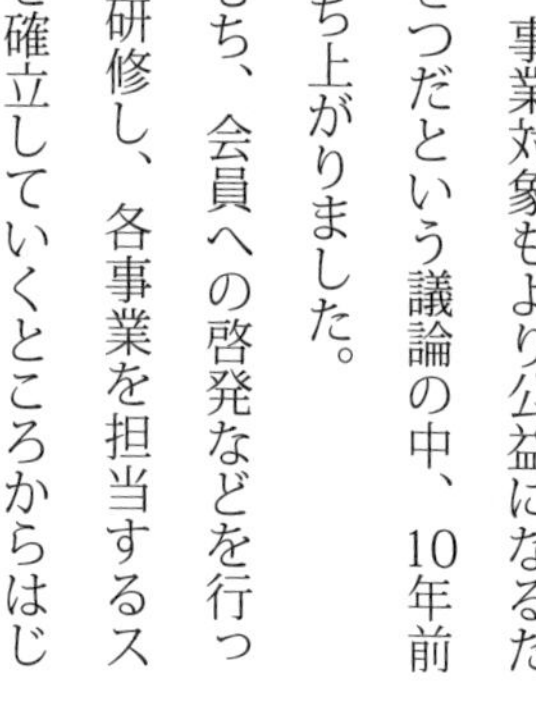

まりました。

その中で見えてきたのは、いかに「自分たち会員以外を信用していないか」「自分たちにしかわからないことばを使っているか」「開かれた組織になっていないか」ということでした。法人格上は公益をうたい、門戸を広く開けた事業を進めていこうということにはなっていましたが、ボランティアについて考えることで、組織としていかに、ボランティアを受け入れる体制ができていないかということに気づかされたのです。いかに「内輪」であったか。

結果として、これまで事業を語るときにおいて、社会の課題を解決するために必要な事業という伝え方ではなく、事業の方法を伝えるだけで終わっていたことにも気づきました。そこで事業だけでなく、それを支える担い手になってくれる人たちに何を伝えるべきなのか、その社会の課題は何であるかを考え、伝える事業がはじまっていきます。

市民に社会の課題を伝える

ボランティアの受け入れをはじめた当初は、まず各事業にボランティア希望者がいた場合に受け入れできる準備を進めることと、実際にボランティアを募集していることを広く市民に伝えていくことに取り組みました。当時は、現在ほど大学に学生ボランティアセンターもなく、またその希望者も少なかったため、簡単には集まりませんでした。当時の広報はそれこそ「チラシをまく」という方法が主流でしたので、簡単に情報が届くものではありませんでした。どこで配布や設置が可能か調べ、各施設への訪問、ボランティア説明会のような場への出展など営業活動に積極的に取り組みました。実際そのときにつながったボランティアの方が、10年たった今も活動を支えてくださっています。そこから1人ずつボランティアを増やしていくための活動が展開されていきます。

はじめは10人からスタート。ボランティアの受け入れに慣れていない活動ばかりであるためトラブルも起きやすく、定着に向けて試行錯誤の前半5年（2002〜06年）でした。定着しはじめると各活動のスタッフも充実し、これまでできなかったことへ活動が広がりを見せることになります。

また、学生ボランティアから新しく活動をつくりたいという提案を受け、その活動づくりのサポートなども行うようになり、いっそう活動の多様化が進むことになります。

この10年間で取り組んだことを細かく整理すると、以下のように、多様な参加の機会をサポートしたことになります。

①チラシ配布可能な場所への営業活動
②ボランティア説明会などへの出展
③ホームページの立ち上げ
④チラシの改善に向け、勉強会と作成会議
⑤ボランティア定着に向けたスキルアップ／フォローアップ研修や体験プログラム「はじめてみようボランティア」の実施
⑥ボランティアからの提案を事業化に向けてサポート
⑦定期的なボランティア体験ツアーの受け入れ
⑧ボランティアの定着と交流、学びの機会「もぐもぐ」の実施
⑨大学や独自のインターンシップ生の受け入れ
⑩キャリアサポートに軸足をおいたセミナー
⑪卒業生も含めた活動やキャリアに関する意見交換、相談の機会創出
⑫他セクターの研修、留学生などのボランティア体験

さらに、山科醍醐こどものひろばを事例として卒業論文を執筆する学生などには、その内容に関しての議論をし、活動を通して、何を論文として残すのかをいっしょに考えてきました。このような子どもの活動に関わるボランティアを呼びかけることで、多くの事業を支えることができていますが、これだけ多くのボランティアに参加してもらえる器をつくり、呼びかけることそのものが、市民に、今、地域やまちが抱える課題を伝える機会にもなっています。

このボランティアの力が、「ひとりぼっち」があるまちにおいて、大きな意味があると考えています。たとえば、一つの小学校に日常的に楽習サポートのびのびのようなマンツーマンで子どもに寄り添うボランティアが30人いたらどうでしょうか。いじめや困難を抱えた子どもに個別で対応していくことが可能であれば、それらの課題も改善に向かうかもしれません。そのことで教師に余裕が出てくれば不登校や保護者対応といったアウトリーチ(訪問支援)が必要な課題や、子ども個人だけでなく、そのまわりの家族などへのアプローチも可能になるかもしれません。

「子どもが貧困」でもなく、「子どもが問題」という訳でもない課題が多い中、その子どもが「ひとりぼっち」にならない状況をまずつくることで、それぞれを取り巻く課題へアプローチできる――その一つの力がボランティアであり、それが不足しているという課題に、多くの市民が気づいていてくれることで、一歩アクションが生まれていくと信じています。そのためには、「子どもと直接関わる事業」同様に、「その担い手と向き合う事業」に全力で取り組む時間をつくることがとてもたいせつです。ボランティアが多く集まる団体の共通点は、そこにあると思います。

資源の多様性——寄付について考える

このように社会の課題が深刻化していくことと、また、担い手の広がりによって、事業が多様化・多角化していくこととなります。特に、貧困ということに関しては、これまでのどの事業でも対応することがむずかしくなっていきます。それは関わりとしてではなく、事業に参加するための「参加費」がハードルとなり、参加できない子ども・家庭が出るということです。それだけでなく、実際にお話をうかがう中で、生活に影響が出るほどの貧困の課題が大きく見えてくる中で、従来の「ふつう」といわれる世帯を対象とした事業では対応できなくなっていきます。

そして、生まれた家庭が貧困なだけで子どもから参加の機会を奪う現状をどのように乗り越えられるかということに取り組む中で、多くの方から寄付で応援いただくことになります。寄付集めに関しては、子どもの貧困対策事業開始当初より、公益財団法人京都地域創造基金★の事業指定寄付プログラムを活用して行ってきました。このプ

★公益財団法人京都地域創造基金
「市民活動を支えるのは市民社会」という理念のもと、新たな公共の担い手であるNPOを支える「お金の流れ」をつくるため、きょうとNPOセンターを中心に議論し、非営利・協同セクターを支える仕組みとして創設した基金。市民活動に必要なお金の流れをつくり出す、市民立の公益財団法人。

ログラムを通しての寄付は、寄付者にも税制上の優遇があり、寄付のハードルが下がることと、他の地域課題とともに同じく京都の解決すべき課題を「面」で見せることで、より寄付が集まりやすい状況を生み出してくれています。この仕組みを活用させていただき、また、そのフィードバックを京都地域創造基金にしながら、連携した寄付集めができています。

子どもの貧困に関しては、多少なりとも社会的認知が高まってきましたが、実際には、制度の狭間にはまってしまっている子どもや家庭があることはあまり知られていません。寄付集めという資金調達をこの事業の財源の根幹に据えたことは、その課題の社会的認知を高めていくためのプロセスにも生かせると考えたからです。子どもが貧困であることが問題である以上に、それを地域・まちが改善するアクションをできていない状況が問題だということを伝え、いっしょにまちを変えていく仲間づくりの一環ともいえます。

まちの人々と共有・実践する「場」づくり

しかし、現状のボランティアや寄付をしてくださる方々は、これまで接点がなかっただけで、多少なりとも、子どもを取り巻く課題に関心があった方々であり、私たち

●子どもたちへの食事提供や学習支援は、寄付によって支えられています。

寄付の税控除、インターネットからの申し込み、クレジットカード決済も可能です。

寄付窓口：公益財団法人 京都地域創造基金 事業指定寄付（子どもの貧困）
https://www.plus-social.jp/project.cgi?pjid=11

郵便振替：00930-4-312262　京都地域創造基金 寄付口座
通信欄に「子どもの貧困」と明記してください。

はそれを「発掘」しただけに過ぎません。社会全体で見たときに、支援者のすそ野が広がったというわけではないのです。これから重要なのは、今、子どもを取り巻く課題に関心がない方、「貧困」問題に関して自己責任だと主張するみなさんと、どう大きな方向性として「子どもが安心して育つことができる環境」を創造できるかだと考えています。「わかっている」人たちだけで議論し、「わかっていない」と位置づけている人たちを非難したところで、課題は解決しません。「わかっている」「わかっていない」の線の内側か外側かの議論と、どう取り込むかの方法では、二項対立の関係性は解消しません。

そこで、子どものことには関心がないけれどという住民、まちの人々に関心をもっていただけそうな、地域講座や地域サロンを「チャリティサロン」としておとな向けに展開し、そこに参加した方々に、気軽に山科醍醐こどものひろばの取り組みを伝える機会をつくっています。

チャリティサロンという名称は、講師をしてくださる方はすべて地域のボランティアで、その参加費を山科醍醐こどものひろばに寄付してくださっていることでそう呼んでいます。山科醍醐こどものひろばが主催するサロンというよりは、各地域の方々が山科醍醐こどものひろばのために開催してくださったサロンというイメージです。

また、行政や社会福祉協議会にも、地域サロン事業の会場として、山科醍醐こどものひろばのスペースを活用していただいています。多様な世代の住民が同じ時間を過ごす機会をもつことができ、お互いを知り、そこで意見の共有などもできる「場」をつくっています。子どもの貧困対策事業を利用している子どもたちも参加者として、サロン活動に来ることもよくあります。

CHAPTER 7

子どもを支える市民社会

セクターを越えて解決に

山科醍醐こどものひろばという一NPO組織が手がける直接支援の場面は、居場所づくりもあれば、お祭りのようなイベント、個別型の学習や生活支援事業など多岐にわたりますが、直接参加できる子どもや家族の数には限りがあります。少なくとも山科区と伏見区醍醐地域の子ども（0〜17歳）が約3万人います。この数を地域では既存の福祉事業所、教育機関、青少年育成施設、福祉行政で支えてきました。しかし、各機能が疲弊しており、またその責任から課題を抱え込み対応をしています。そのよう

な制度や疲弊したサービスからこぼれ落ちる困難を抱える子どもたちのフォローを行っています。ほとんどの子どもたちは既存の支援につながっているため、各セクターが抱えている課題を解決していくことも、すべての子どもたちの育つまちづくりには重要なことなのです。

第1部にある小学校との連携の事例は顕著ではありますが、自分たちで解決することより、どうなればその子どもが救われるのか、そのための事業や体制、連携のあり方はどうあるべきなのかという「目的と方法」の順序に沿ったまちの支援が必要であると考えています。そのためにはこちらの「内輪の理論」で各セクターにはたらきかけるだけでなく、相手のあたりまえに向き合いながら、いっしょに事業をはじめていきます。行政や社会福祉協議会とのサロン活動もその一つともいえます。制度の不備を嘆いても現状は変わりませんので、今できることは何であるか、そこでの成功実践があるからこそ、はじめて現実味のある政策提言へもつながるのだと感じています。

山科醍醐こどものひろばの事業は、制度と制度のすき間を埋める事業であり、また、制度に縛られる組織ではありません。だからこそ、各セクター間を行き来し、目的達成に近づける事業を打ち出すことができています。

対処から対策へ

子どもの貧困対策事業に取り組んできて3年となりますが、第1部でふれている活動内容からもわかるように、現状は対策より、対処の段階です。それでも子どもたちに活動が届き応援できているので、それでいいのではないかと言われるかもしれません。

しかし、今の「いいこと」を続けても、子どもの貧困はなくならないのです。傷口にばんそうこうを貼り続けても傷つくことが減らなければ、対策とは言えません。その意味でも、山科醍醐こどものひろばが主催する自主事業で対応できる人数にアプローチしていくということから、地域に実際に困っている子どもが何人いて、対応するにはどういう体制や仕組みで取り組むかという視点に切り替える必要があります。

さらに、仕組みづくりを切り替えるには、実際、ばんそうこうの下にある傷にふれる機会をつくり、痛みを共有し、それを防ぐ意義や価値が理解されなければいけません。対処の場面を対処のみで終わらせるのではなく、どう対策へ生かすのかという視点をもつ必要があります。

社会の課題に対して、ビジネス的な手法も取り入れながら資金づくりも行い、解決に向かっていくという方法もあります。実際にビジネスコンペにエントリーし評価をいただいた事業プランもあります。しかし、まずは多くのボランティアの巻き込みや、寄付集めのプロセスのような地域の課題を地域の住民が認知する機会が必要です。ビジネス型の事業をしながらそれをすればよいと、簡単には言いますが、そんなに器用な人ばかりではありません。また、地域でビジネスを起こし、そのビジネスでその地域課題を解決するといっても、事業を成功させるためには、その地域に暮らす住民のみなさんの理解も必要になります。事業を起こし、その成果をもって関係をつくるのもよし、関係をつくり、成果をめざすのもよしです。

山科醍醐こどものひろばという運動体から生まれた組織は、その点では地域の関係づくりから取り組んでいます。一人ひとりのちょっとしたアクションが起こすインパクトを実感していただき、それをより効果的、効率的に仕かけるためのビジネス型事業という位置づけになっています。

世代の循環、ひとりぼっちのないまちづくり

山科醍醐こどものひろば33年間の活動は、とても多くの子どもたちに活動を届けてきました。しかし、取り組んできた活動の成果はあっても、社会の変化から発生する社会問題に巻き込まれ、しんどい思いをする子どもの数の増加を止めることはできていません。だからこその「こどものひろば」への変化であり、「子どもの貧困対策事業」への展開であったと思います。なんとか今解決しなければいけない課題がこのまちにある。それに取り組んできた33年間です。

「子どもたちが」つくるでもダメなんです。「子どもだけの」社会ではないから。「山科醍醐こどものひろば」という団体名に込めたように、子どもから考えつくってきた活動をふり返ることで、最後はそのまちを、ともに創造することがたいせつだと改めて実感しています。

また、33年間の取り組みがあるということは、当時の子どもがおとなになり、親になっているということです。中には、子どもと関わる専門家になっている人、親になり子どもと活動に参加してくれている人、ボランティアスタッフとして活動を支えている人など、次の世代へアプローチしている当時子どもだった方々もおられます。さ

らに、当時親だった方は、おじいちゃん、おばあちゃん世代になり、核家族化が進む現役子育て世代を見守ってくれています。家族の多様化によって、子育てが困難だといわれても、地域が変化、進化することでそれを補完することは可能なのです。

第1部の最後にもあったように、子どもの貧困対策事業そのものも、子どもたちのようすや成長によって変化します。時には子どもたちの声によってつくり上げられていきます。そして、卒業生たちは、現在その活動を支えてくれています。また、ひとりぼっちのない、子どもが育つ環境づくりに、子どもたちが主役になって多くの地域イベントや取り組みに参加し、活動を支えています。出番があれば、機会があれば、気がつけば、まちを支えているのです。ひとりぼっちでなければ、まちに支えられるのではなく、ともにつくることができます。

そんなまちづくりのなかで、多様な人とふれる「人間浴」の場をつくる——そのような子どもといっしょに参加できる「ひろば」をこれからも、まちに創造していきます。

あとがき

子どもの声を聞き、寄り添う

特定非営利活動法人 山科醍醐こどものひろば理事長　村井琢哉

2013年5月31日、「子どもの貧困対策法案」が衆議院厚生労働委員会にて与野党案が修正・一本化され、全会一致で可決されました。これは、6月4日には衆議院本会議で、そして、本日6月19日には参議院本会議で、全会一致で可決され、成立しました。

本書の出版に向け、山科醍醐こどものひろばのこれまでの活動をふり返りまとめてきたわけですが、その間に、子どもの貧困という問題に、光が当てられることになりました。この法律がここまで前進したことの背景には、あしなが育英会や、「なくそう！ 子どもの貧困」全国ネットワークのみなさまをはじめ、多くの方々のご尽力がありました。「子どもの貧困対策法」の制定は、子どもの貧困に対して社会が解決に向かおうと一歩前進したのだと思います。

しかしながら、このような法律や制度、仕組みはあくまできっかけや前提条件といったものであり、そのうえにアクションがあってこそ、解決につながります。

さて、一地域の、現場では何をしたらよいのでしょうか。私たちの取り組みをふり返った本書が、これまで、これから実践される現場のみなさまや、よりよい仕組みや制度を創っていくための参考になれば幸いです。

特定非営利活動法人 山科醍醐こどものひろばでは、この出版作業の期間中に、この本の著者である幸重忠孝と村井琢哉のあいだで、理事長を交代いたしました。子どもの貧困に限らず、子どもの育ちに寄り添いまちをつくるということは、時間がかかります。組織として、仕組みとしても「続く」こと、「広がる」こと、「つながる」ための世代交代です。

また、大きな変化はそれだけではありません。これまで3年間取り組んできた子どもの貧困対策事業を、より進化させることにもなりました。行政や民間機関との連携などについては、本文でもふれていますが、より濃いおつきあいです。

たとえば、2013年度は、京都府のひとり親家庭の子どもの居場所事業として補助事業に申請、採択されました。また、京都市・福祉事務所と京都市ユースサービス協会が実施している生活保護世帯の中学3年生への学習支援事業についても、いっしょに新しい開催場所を設置、実施していくこととなりました。そして、この2年間連携してきた小学校とも、より本格的な支援プログラムの実施と学校運営についての議論を進めています。

これらはそれぞれ独立した、別々の協働事業です。しかし、私たちのなかでは、一つの地域の中で、山科醍醐こどものひろばをＨＵＢ（ハブ）にした地域の困難を抱える子どもたちを支える仕組みが面展開できるカタチができてきました。あとは、その仕組みを生かしつつ、どれだけ多くの子どもや家族に寄り添えるか、そして、「ひとりぼっち」ではなく、「子どもが育つまち」「貧困のないまち」にするかです。

「子どもの貧困対策法」がなくても、山科醍醐こどものひろばは、みなさまのお力添えでここまで活動を進めることができました。しかし、子どもの貧困は、１年で解消するものではありません。だからこそ、法律は必要なのです。ここから長く続く取り組みに、この法律がどのような意味をもつのか――そこに現場から声を届けていく必要があると思います。

法律や仕組みはできても、実行性や実効性を担保することがたいせつです。さらに、実際に子どもと出会う現場での「成果」と、社会的に「成果」とわかる数値目標などを融合させていくことがたいせつです。現場から多様な実践のあり方と、その効果を伝え、また、大きく所得改善や子ども虐待件数減などの数値を受けとめたアクション創出が現場の役目であると思います。

本書では、第1部では人と人との出会い、「ひとりぼっち」にどう寄り添ったかをお伝えしました。第2部では、そのような「人と人との出会い」や「活動を支える仕組み」など生み出す環境づくりについて記しました。これに国や行政の法律や制度などが相まって、「まち」となっていきます。私たちの取り組みは、そのようなまちをつくっていくための、出会いと思いを紡ぐことだと思っています。

低所得の課題を乗り越えるためのアクションも、行政や地域の企業やNPOや社会福祉法人の方々とも議論を進めていますが、一気に解消するものではありません。しかし、ひとりぼっちで、つらいと思っている子どもの「つらい」は寄り添うことで解消するかもしれません。それをあたりまえにできるまちをつくっていくことが大事だと思います。

そして、私たちはこれからも、子どもの声を聞き、「寄り添う」をいっしょに考えながらつくっていきたいと思います。

2013年6月19日　日本の「子どもの貧困対策」の新しいスタートの日に

山科醍醐こどものひろばのあゆみ

1966年	福岡で「子ども劇場」発足 全国で「子ども劇場・親子劇場運動」へ発展
1970年	「京都親と子の劇場」誕生
1980年10月	「山科醍醐親と子の劇場」発足（「京都親と子の劇場」から独立）
1990年	創立20周年レセプション　記念公演「劇団仲間：森は生きている」実施
1992年	親と子の劇場として最盛期を迎え会員数が1300名を超える
1994年	子どもと青年でつくる「子どもキャンプ」に150名を超える参加
1999年4月	年齢別のクラブ活動のスタート
1999年12月	「山科醍醐こどものひろば」設立総会開催
2000年3月	京都府の認証を受け「特定非営利活動法人　山科醍醐こどものひろば」として活動を開始
2002年	山科醍醐地域の魅力に出会う「町たんけん」事業開始 子どもが自由に遊びに来る居場所「げんきスポット」「ひろば文庫」開設 ボランティアコーディネートと育成を行う「ユースサポート部」スタート
2004年	ボランティア体験プログラム「はじめてみようボランティア」開始
2005年	「子どもの文化フォーラム」を地域の協働で初めて開催 個別支援「楽習サポートのびのび」事業始まる
2007年	京都府地域子育てステーション事業「げんきスポット0-3」を開設

げんきスポット

2008年

「山科醍醐こどもの創作劇」事業始まる

活動拠点「杖の水ころころハウス」運営に実行委員会として参画（2011年まで）

「げんきスポット0-3」が「京都市子育て支援活動いきいきセンター事業」の委託事業となる

2009年

京都府「第4回子育て支援表彰」

2010年

京都府「地域と商店街のひとづくり事業」受託（2012年3月まで）

「こども生活支援センター」を開設

子どもの貧困対策事業として、子どもの生活支援、地域交流サロンを行う

公益財団法人京都地域創造基金「事業指定寄付プログラム」を活用しての寄付募集開始（子どもの生活支援への資金を市民の寄付で支えていただく）

2011年

地域の方々によるチャリティサロンスタート

個別の学習支援、山科青少年活動センターとの連携による生活保護世帯の中学3年生への学習会開始

京都府「子育て期の多様な働き方創造事業」受託（2012年3月まで）

京都市「大学のまち京都・学生のまち京都推進特別表彰」

厚生労働省「ボランティア功労者に対する厚生労働大臣感謝状」

浄土宗「共生・地域文化大賞　共生優秀賞」

2012年

小学校との連携による放課後支援事業「ほっとタイム　えんぴつ」開始

山科醍醐こどものひろば演劇部「ぽっぷ・こーん」旗揚げ

山科区地域福祉推進委員会との連携によるフリースペース「みんなの家」開始

京都オムロン地域協力基金「ヒューマンかざぐるま賞」受賞

博報児童教育振興会「博報賞」受賞（町たんけんチーム）

「なくそう！子どもの貧困」全国ネットワーク主催「学びサポート×暮らしサポート全国実践交流会in京都」京都実行委員会を担う（9月29日）

こども生活支援センター

山科醍醐《やましなだいご》こどものひろば って、こんなところ

地域に住むすべての子どもたちが、心豊かに育つことをめざし、
地域の社会環境・文化環境をよりよくすることを
大きな目的に活動しています。
子どもとおとなが一体となって、ものごとに真剣に向き合うことで、
「ともに育ち合いたい」との願いをたいせつにして、
日々の活動をしています。
あらゆる人にとって、自分らしく生きることのできる
人との交わりをたいせつにします。

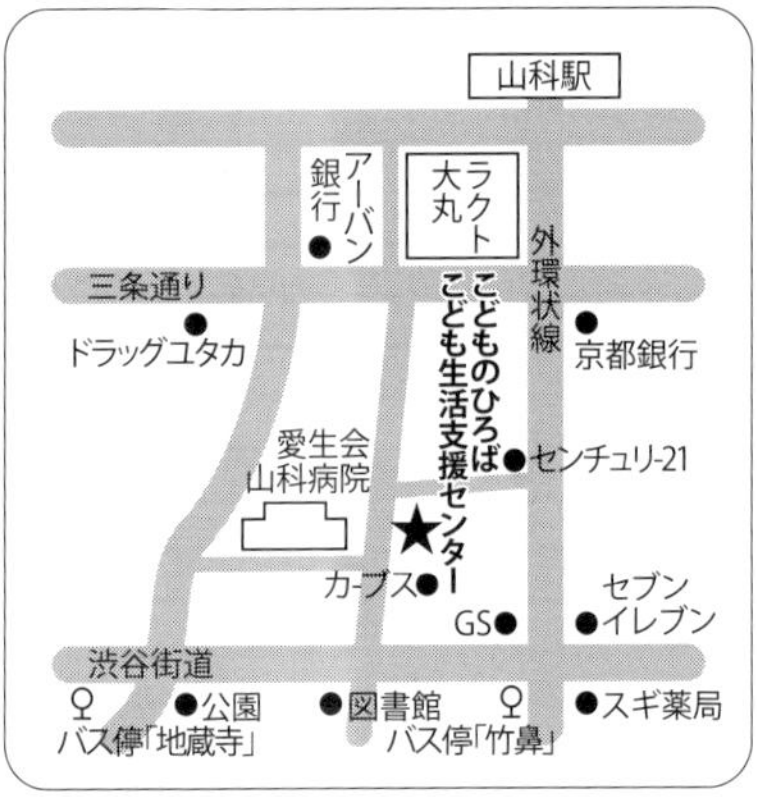

代表連絡先

特定非営利活動法人 山科醍醐こどものひろば

〒607-8085 京都市山科区竹鼻堂ノ前町18-1

TEL 075-591-0877

E-mail　kodohiro@gmail.com

ホームページ　http://www.kodohiro.com/

活動ブログ　http://blog.canpan.info/kodohiro/

フェイスブック　https://www.facebook.com/kodohiro

幸重忠孝《ゆきしげ ただたか》

特定非営利活動法人 山科醍醐こどものひろば前理事長。
花園大学大学院社会福祉学研究科修士課程修了。社会福祉士。学生時代よりボランティアとして、こどものひろばの事業に従事し、2009年8月～2013年4月まで理事長。「こども生活支援センター」を立ち上げ、子どもの貧困対策事業に取り組む。幸重社会福祉士事務所代表、スクールソーシャルワーカー。

村井琢哉《むらい たくや》

特定非営利活動法人 山科醍醐こどものひろば理事長。
関西学院大学人間福祉学研究科前期課程修了。社会福祉士。子ども時代より親と子の劇場の活動に参加し、運営の担い手に。2010年より当法人事務局長に就任。2013年5月より理事長。多様な子どもとの活動を支えるボランティアのコーディネートや地域連携による社会資源の開発に取り組む。

みなくちもえ

特定非営利活動法人 山科醍醐こどものひろば事務局長。児童発達支援事業所で保育士をしている。一児の新米母。学生時代より、当法人でボランティアをはじめる。
2013年、事務局長に就任。本書のイラストを担当。

梅原美野《うめはら みや》

特定非営利活動法人 山科醍醐こどものひろば子どもの貧困対策事業担当職員。社会福祉士。塾講師の経験を生かし、学習支援の活動を立ち上げる。
本書のコラムを担当。

●講演会・セミナーなどへの講師依頼は、下記へどうぞ。

Email　kodohiro@gmail.com

子どもたちとつくる
貧困とひとりぼっちのないまち

2013年 7月21日　第1刷発行
2017年 3月17日　第5刷発行

編　者●特定非営利活動法人 山科醍醐こどものひろば
著　者●幸重忠孝
　　　●村井琢哉
発行者●竹村正治
発行所●株式会社　かもがわ出版
〒602-8119　京都市上京区堀川通出水西入
TEL 075-432-2868　FAX 075-432-2869
振替　01010-5-12436
ホームページ　http://www.kamogawa.co.jp
印刷所●シナノ書籍印刷株式会社
用　紙●中庄株式会社

ISBN　978-4-7803-0582-1　C0037

幸せ重ねましょう
ゆっきー